술술 읽기만 해도 인생이 바뀐다

고담 오성곤의 역학이야기

술술 읽기만 해도 인생이 바뀐다

고담 오성곤의 역학이야기

고담 오성곤

펴내면서

필자는 경술년 기축월 을사일 경진시, 왕십리에서 출생하여 2001년 신사년(辛巳年)에 명리학에 입문하게 되었습니다. '명리'를 시작으로 관상, 수상, 풍수, 타로, 주역에 이르기까지 술수학과 관련한 여러 학문들에 매진한 지 20여 년이 조금 넘었습니다. 좀 더 원리적이고 체계적인 학문 정립을 위해 국립 공주대학교에서 동양학과 관련한 제반 학문을 익히며 석사과정을 마쳤습니다(석사 논문: 궁합과 연분의 연관성 사례연구). 이후 동국대학교 대학원 철학과 박사과정에 입학하여 전통 동양철학과 명리학의 상관성을 궁구하여 보고 접목하게 되었습니다. 특히 지도교수이신 유흔우 교수님으로부터 사사받은 동양철학과 주역에 관한 새로운 사유체계의 확장은 명리학과 우리 인간의 삶을 좀 더 폭넓게 이해하는 시간이 되어 주었습니다. 박사과정을 마치고 동방문화대학원 교육원에서 명리학의 요체라 할 수 있는 '자평진전'을 4년여간 강의하면서 지금에 이르렀습니다.

20여 년간 동양학을 연구하면서 이론보다는 상담을 통한 각양의 사주 모델과 그 실증적 접근에 시간적 할애를 많이 하였습니다. 이번에 간행하게 된 졸고는 그동안 학습하고 현장에서 활용하여 온 기본 상식들을 알기 쉽게 정리한 것입니다. 필자가 운영하는 '운세야 놀자' 카페나 '고담 학술원' 카페 그리고 이전에 밴드에 올렸던 글들과 일반적인 역학 상식 자료들로 명리이야기, 관상, 수상, 풍수 등 술수학에 관한 전반적이고 상식적인 내용으로 일반인들이 삶을 영위하면서 알아두면 좋은 내용, 꼭 알아야 할 내용, 도움이 되는 내용으로 정리해 보았습니다.

명리를 공부하지 않은 분들이라도 세상을 살아가면서 참고하면 좋은 내용들이니 일독을 권해 드립니다.

　올바르게 성장할 수 있도록 자양분이 되어 주신 부모님께 진심으로 감사를 드립니다. 그리고 나와 결혼하여 언제나 묵묵히 뒤에서 힘이 되어 준 아이들 엄마 장희진씨에게도 감사의 마음을 전합니다. 대자연에 오행의 구실이 있듯 사람에게는 오복이 있는데 그 중 두 가지 복(건강, 사람됨) 밖에 전하지 못한 것 같은데 건강하고 바르게 잘 자라준 우리 딸들 오지은, 오지현에게도 정말 고맙다고 말해 주고 싶습니다.

을사년, 7월에 고담 학술원에서...
고 담　오 성 곤

목차

Ⅰ. 음양오행 이야기

오행 - 다섯 가지의 기운 ·· 15
역(易)을 공부하려면 ·· 18
음양오행(陰陽五行)의 역경학(易經學) ································· 20
오일장(五日場) ·· 22
오방기(오방신) 이야기 ·· 23
삶의 활력소나 긍정의 힘 ··· 25
일상에서 운 좋아지는 법 ··· 27
코털과 콧방울로 보는 일진 ·· 28
소리가 주는 파장 ··· 29
인생으로 본 화기(火氣) ··· 31
각 계절을 대표하는 상징어 ·· 33
십성(十星)으로 보는 욕심 ·· 34
오욕 이야기 ·· 36
사람의 심리변화 ·· 38
음양으로 보는 남녀 ·· 39
생활 오행 ··· 40
신맛, 단맛, 짠맛, 매운맛, 쓴맛 이야기 ···························· 42
오행상 금(金)과 폐 이야기 ·· 44
간에 좋은 음식 이야기 ·· 46
수기(水氣)를 가리키는 신장과 자궁 이야기 ······················· 47
오행상 토(土)와 비위 이야기 ··· 49
심장에 좋은 음식 이야기 ··· 50
수승화강(水昇火降) 원리 ··· 51
동양의 5가지 술수학 ·· 52
하늘에서 주는 4개의 선물·땅에서 주는 4개의 선물 ········· 53

Ⅱ. 역학 상식 이야기

언령(言靈)	57
띠별 전해 내려오는 속설	59
각 12마리 동물들의 결함	70
태어난 계절(양력) 이야기	73
간지적 정확한 시간	88
일이 안 풀릴 때	90
과유불급, 태과불급	
좋은 것도, 즐거운 것도 지나치면 병이 된다	92
금전운을 상승시키는 방법	93
지갑 사는 방법	95
피하면 좋은 시기	97
남자는 양(陽), 여자는 음(陰), 음양으로 남녀를 논해 보기	98
남자의 행동 성향으로 배우자 덕을?	100
여자의 행동 성향으로 배우자 덕을?	102
우울증 걸리는 시기	104
돈 받기 좋은 날	105
돈 나가기 좋은 날	106
머리카락으로 보는 성격	108
머리스타일이 나에게 주는 영향	109
개운법 이야기	112
강아지를 키우면 도움 되는 띠	113
미신 이야기	115
복날 이야기	116
대운	118
나는 운이 좋은 사람? 운이 좋아지고 있는 사람?	120
생각이 현실로?	121
사람의 입과 현관	122
아홉수 이야기	124

귀신이 곡할 노릇 ··· 126
혼(魂)과 백(魄) ··· 128
밤에 손톱, 발톱 ··· 130
색상별 의미 ··· 131
부자들은 수목화(水木火) 기운을 쓴다 ··············· 133
생기를 받는 방법 ······································· 135
선생님과 사장님 ··· 137
여자는 봄을 타고 남자는 가을을 타는 이유 ········ 138
여자와 남자의 공통점 ··································· 139
말과 행동 ··· 140
역학에서 이야기하는 말과 행동 ······················ 141
승부에서 이기는 법 ····································· 143
물 이야기 ··· 145
4가지 눈 ··· 147
운명을 바꾸는 방법 ····································· 149
운명을 바꾸는 여섯 가지 개운법
  적덕·인연법·독서·풍수 ····························· 152
삼여(三餘) ··· 154
윤년, 윤달, 윤일 이야기 ······························ 155
오비이락(烏飛梨落)의 뜻 ······························ 157
알면 좋은 구전 ··· 159
불행의 씨앗 ··· 160
운을 변화시키는 사람과 풍수 ························ 162
이사 관련 속설 ··· 165
인덕 이야기 ··· 168
입춘과 정월 초하루 이야기 ···························· 170
장 담그기 좋은 날 ····································· 172
제사 이야기 ··· 173
인연의 법칙 ··· 175
본받을 만한 늑대의 '일부일처제' ····················· 176

행동 성향으로 보는 궁합 이야기 ………………………… 177
버려야 할 물건 ……………………………………………… 179

Ⅲ. 관상 이야기

얼굴형에 따른 (木형)(火형)(土형)(金형)(水형) 분석 ……… 183
구전으로 내려오는 관상 이야기 …………………………… 185
관상 기초상식 이야기 ……………………………………… 186
관상학에서 유래된 말 ……………………………………… 194
배꼽 이야기 ………………………………………………… 196
색기 있는 여자 구별하는 법 ……………………………… 198
'식재관인비'에 따른 오학 ………………………………… 201
미인의 기준 ………………………………………………… 205
관상학적 쌍꺼풀 수술 ……………………………………… 206
인중 이야기 ………………………………………………… 208
입 관상 이야기 ……………………………………………… 209
입이 큰 여자 이야기 ……………………………………… 211
발가락 이야기 ……………………………………………… 213

Ⅳ. 수상학 이야기

손의 모양으로 판단 ………………………………………… 217
손바닥 색깔 ………………………………………………… 220
손가락 이야기 ……………………………………………… 221
손의 모양으로 보는 성향 분석 …………………………… 223
손톱 건강 …………………………………………………… 229

V. 풍수 이야기

땅과 물 ………………………………………………… 235
고담의 풍수 이야기 …………………………………… 236
산과 물은 음과 양의 관계 …………………………… 240
사람은 1년, 땅은 20년 주기 ………………………… 241
좌청룡 우백호 ………………………………………… 243
실용 풍수 인테리어 일이 잘 풀리기를 바란다면 … 246
현관(玄關) 이야기 …………………………………… 249
거실 이야기 …………………………………………… 251
주방 이야기 …………………………………………… 252
식탁 이야기 …………………………………………… 253
책상 배치 방법 ………………………………………… 254
삼살방과 대장군 방위 ………………………………… 256
손 없는 날과 세덕신 방위 …………………………… 259
귀신이 드나드는 귀문방 ……………………………… 260
나가는 물과 들어오는 물 …………………………… 263
집안의 화분 …………………………………………… 265
집안 분위기를 바꿔보자 ……………………………… 266
사람은 자면서 지반의 기운을 따른다 ……………… 268
오행에 따른 제화용품 ………………………………… 270
풍수의 명언 …………………………………………… 271
풍수 상식 ……………………………………………… 274
방위에 따른 삼살방, 대장군, 상문방, 조객방 표 … 276
사대문의 오상 ………………………………………… 279
동네의 유래 …………………………………………… 280

VI. 꿈 이야기

꿈을 자주 꾸는 사람 ·· 287
전해 내려오는 꿈 흉조와 길조 ································ 289
꿈의 해몽 ·· 290

VII. 기타

행동에서 보는 사람 심리학 ···································· 299
팔괘도 ·· 304
하루 일진 보는 법 ·· 310
일진별 동물에 따른 특성 요약 ································ 311
오행 비보 ·· 320

I
음양오행 이야기

오행 - 다섯 가지의 기운

- **음양의 4등분** - 봄, 여름, 가을, 겨울
- **음양의 5등분(오행)** - 목(木), 화(火), 토(土), 금(金), 수(水)
- **음양의 10등분** - 갑(甲), 을(乙), 병(丙), 정(丁), 무(戊), 기(己), 경(庚), 신(辛), 임(壬), 계(癸)
- **음양의 12등분** - 12마리 동물
  자(子), 축(丑), 인(寅), 묘(卯), 진(辰), 사(巳),
  오(午), 미(未), 신(申), 유(酉), 술(戌), 해(亥)
- **음양의 60등분** - 60갑자
  갑자(甲子), 을축(乙丑), 병인(丙寅), 정묘(丁卯),
  무진(戊辰), 기사(己巳), 경오(庚午), 계해(癸亥)……등
- **오행**의 **목(木)**은 나무를 가리키며 계절로는 봄을 가리키고
  화(火)는 불을 가리키며 계절로는 여름을 가리키고
  토(土)는 흙을 가리키며 계절로는 '장하'라고 하여 긴 여름을 가리키고
  금(金)은 쇠를 가리키며 계절로는 가을을 가리키고
  수(水)는 물을 가리키며 계절로는 겨울을 가리킵니다.

예전에는 오(五)계절이었습니다.

봄, 여름, 장하, 가을, 겨울이라고 해서 오(五)계절이었는데 긴 여름이라고 칭했던 장하(長夏)라는 계절을 여름에 함께 배속하여 4계절이 되었습니다. 사주에서 논하는 화(火)와 토(土)를 같은 주기로 쓰는 논리로 생각해도 될 듯합니다. '화토동궁(火土同宮)'이라는 명리 용어도 있습니다.

봄이 가면 여름이 오고, 여름이 가면 가을이 오고, 가을이 가면 겨울이 오고, 겨울이 가면 봄이 오는 것이 오행의 흐름입니다. 눈에는 보이지 않지만 오행이 순환하고 있음을 계절로도 알 수 있겠죠?

하루에도 오행은 돌아가고 있습니다. 자정(子正)이라는 저녁12시를 기점으로 시작하여 낮12시를 향하여 움직이고 있습니다. 낮12시를 정오(正午)라 하고 정오는 또다시 자정을 향해 움직입니다. 자(子)는 동물로 쥐를 가리키고 오(午)는 동물로 말을 가리킵니다. '자·축·인·묘·진·사·오·미·신·유·술·해'라는 동물에서 자와 오를 따온 것입니다. 오전, 오후라는 말 또한 오(午)를 중심으로 낮12시 전이면 오전(午前)이 되고 오(午)를 중심으로 12시가 넘으면 오시(午時) 이후라고 하여 오후(午後)가 된 것입니다. 음과 양을 자(子)와 오(午)를 기준으로 물과 불의 관계로도 논할 수 있습니다. 그리고 쥐띠와 말띠는 서로 상반되는 기운으로 궁합에 적용되기도 합니다.

12동물이 있듯 12지지가 돌아가며 우리 사람들은 12지지의 영향으로 하루에도 12번씩 마음이 변화하게 됩니다. 쉽게 동물의 영향이라고 해도 됩니다. 모든 만물에 음양이 존재하듯 전부 짝이 있고 끌리고 원하는 것이 있기 마련입니다.

이 부분에서 체질로 궁합을 논해 볼 수도 있습니다.

불같은 남자는 냉정한 여자와 어울립니다. 불같은 남자는 오행상 화(火)의 기운이고 냉정한 여자는 오행상 수(水)의 기운이어서 음양의 조화가 잘 맞습니다. 급한 사람은 여유로운 사람과 어울립니다. 급하다는 것과 여유롭다는 것은 반대의 기운으로 음양의 조화입니다.

키 큰 사람은 키 작은 사람과 잘 맞습니다.

뚱뚱한 사람은 홀쭉한 사람과 잘 맞습니다.

눈이 튀어나온 사람은 눈이 들어간 사람과 어울리고 잘 통합니다.

코가 작은 사람은 코가 큰 사람과 잘 맞습니다.

입이 작은 사람은 입이 큰 사람을 좋아합니다.

눈이 큰 사람은 눈이 작은 사람과 잘 통하고 잘 맞습니다.

걸음이 빠른 사람은 걸음이 늦은 사람과 잘 맞습니다.

이렇듯 작으면 큰 것을, 빠르면 늦은 것을 짝하게 됩니다.

양기가 많은 사람은 음기를 가리키는 수(水)자가 들어간 것이 좋습니다.

몸이 찬 사람은 붉은색 음식이 좋고,

몸이 더운 사람은 수산물이나 검은색 음식이 좋습니다.

몸이 차다는 것은 검은색인 수(水)의 기운을 말하며

몸이 덥다는 것은 붉은색인 화(火)의 기운을 이야기합니다.

음양은 우리가 살아가는 공간에서 눈에 보이기도 하고 눈에 보이지 않기도 하는데 우리는 음양(짝)을 채우기 위해 살아간다고 보아도 됩니다.

그럼, 쥐띠와 말띠는 정반대의 동물인데 궁합이 좋은 건가요? 안 좋은 건가요? 좋을 수도 안 좋을 수도 있겠죠? 환경 자체가 틀리니 성향이 안 맞는다고 볼 수도 있지만, 내가 없는 능력을 상대방이 갖추고 있으니 내가 힘들 때 잡아줄 수 있어서 좋다고 봐도 될 듯합니다.

역(易)을 공부하려면

우선 '때'가 무엇인지를 알아야 합니다.

'때'란 옛날 어른들이 철이 없다고 하던 그 철을 가리킵니다. 봄·여름·가을·겨울이라는 철을 말하는데 본인에게도 각자만의 철이 있습니다. 생활하다 보면 전혀 생각지도 않을 때 금전 여력이 좋아지는 경우를 많이 경험해 보았을 겁니다. 대개 10년이나 12년 주기로 변화의 움직임이 느껴지는데 천간은 '갑·을·병·정·무·기·경·신·임·계'로 돌아가기에 명예를 쓰는 분은 10년 주기로 영향을 받으며, 지지는 '자·축·인·묘·진·사·오·미·신·유·술·해'로 돌아가기에 사업이나 개인 장사를 하는 분은 12년 주기로 변화를 체험하게 됩니다.

10년 주기로 보면 어느 시기 2년 동안은 갑자기 좋아지는 것을 경험하게 되며 사정이 원활해지는 것을 많이 느껴 보았을 겁니다. 직장생활을 하더라도 10년 중 2년은 기억에 남는 좋은 일이라던가 목돈이 들어오는 때가 있습니다. 10년 전과 지금의 상황이 비슷한 주기로 가고 있다는 느낌 같은 것입니다. 사실 이것은 느낌이 아니라 나의 철입니다.

자연의 계절과 인간의 계절은 차이가 있습니다. 인간의 계절은 10년이 1년과 같습니다. 봄에 해당하는 기간 2·3년, 여름에 해당하는 기간 2·3

년, 가을에 해당하는 기간 2·3년, 겨울에 해당하는 기간 2·3년씩 정해집니다. 이것이 각자 마다의 계절이고 이것을 알아야 바로 철이 들었다고 하는 것입니다. 철이 든 사람은 언제 씨를 뿌려야 하는지 언제 거두고 물러나야 하는지를 잘 아는 사람을 가리킵니다.

 사람이 살아가는 생활의 지혜는 사계절이 바뀌고 변하는 자연의 이치와 너무도 닮았습니다. 계절이 순환하는 이치에서 그 고민의 해결의 실마리를 찾으면 됩니다.

음양오행(陰陽五行)의 역경학(易經學)

　음양오행을 공부하다 보면 '궁즉변 변즉통(窮卽變 變卽通)'이라는 말을 들을 수 있습니다. 궁하면 변하고 변하면 통한다는 뜻으로 양이 극단에 몰리면 음이 생겨나고 음이 극단에 이르면 양이 생겨난다는 뜻입니다.

　동물에서도 쥐(子)에서 1양(陽)이 시작하며 소, 호랑이, 토끼, 용, 뱀에서 6양지처로 양기(陽氣)가 극에 달하게 됩니다. 극에 달하면 음(陰)이 생겨나듯 말(午)에서 1음(陰)이 시작됩니다. 명리학의 '12신살' 논리나 '12운성'이라는 논리가 있는데 12신살 중에 '겁살'을 만나면 기운이 극에 달하게 되고, 12운성에서는 '절지'를 만나면 기운이 바뀌게 되는 이치도 같은 논리입니다. 일을 하다 보면 어려움이 생기고 막혀 궁지에 몰리게 되는데 이렇게 극에 몰리게 되는 시기부터는 일이 순조롭게 풀려나가게 되는 경우를 두고 하는 말입니다.

　즉, 궁지에 몰려 있는 경우라 하더라도 어느 순간부터 모든 일이 뜻밖에 잘 해결되는 것이 세상의 섭리요, 자연의 이치인 것입니다. 마치 겨울이 지나면 봄이 오고 밤이 지나면 아침이 오는 자연의 순리와 흡사합니다. 그러나 사람들은 이런 이치를 깨닫지 못하고 조금 힘들거나 어렵고 고생스러우면 쉽게 좌절하고 체념하게 됩니다. 이것은 삶의 사이클을 올바르게 이해하지 못하였기 때문입니다.

어떠한 역경이나 어려움에 부딪쳐 있는 경우라도 상황은 결국 희망적으로 전환되기 마련입니다. 잘될 것이라는 희망을 품고 스스로 역경을 뚫고 개선하려는 의지가 있다면 반드시 좋은 방향으로 흘러갈 것입니다. 이것이 바로 삶의 이치이며, 이 때문에 궁하면 변하고 변하면 통한다는 말이 인간 삶의 근본 이치라 할 수 있습니다.

오일장(五日場)

　시골에 가면 일정하게 장이 서는데 오일장(五日場)은 닷새마다 서는 장을 가리킵니다. 여기에도 음양오행이 들어있습니다.

　1·6을 수(水), 2·7을 화(火), 3·8을 목(木), 4·9를 금(金), 5·0을 토(土)라고 합니다.

　5일장이란 같은 요일에 장이 서는 것이 아니고 오행에 맞춰 장이 서게 되는 것입니다. 1일과 6일에 서는 장은 수장(水場), 2일과 7일에 서는 장은 화장(火場), 3일과 8일에 서는 장은 목장(木場), 4일과 9일에 서는 장은 금장(金場), 5일과 10일에 서는 장은 토장(土場)이라 합니다.

　수장은 매월 1, 6, 11, 16, 21, 26일, 화장은 매월 2, 7, 12, 17, 22, 27일, 목장은 매월 3, 8, 13, 18, 23, 28일에 섭니다. 간격은 오행과 같이 5일이 됩니다. 목화토금수 오행(五行)에 부합하는 숫자의 날로 장(場)이 서는 것을 가리킵니다.

　이 음양의 숫자를 알고 있으면 일상생활에도 많이 쓰이니 알아 두면 좋을 듯합니다.

오방기(오방신) 이야기

　오방기란 다섯 군데의 방위를 말합니다. 쉽게 동·서·남·북·중앙으로 표현합니다. 오방기는 부정을 쳐낼 때도 사용하지만 결과를 점치거나 확인할 때도 사용합니다.

　동쪽은 목(木)방향으로 청색을 나타내며 우환(憂患)을 가리킵니다. 오방기 중 청색을 뽑을 경우 좋지 않은 의미로 하는 일에 장애가 생길 수 있음을 의미합니다. 사고수를 가리키니 교통사고나 음주가무를 조심하라고도 말합니다.

　서쪽은 금(金)방향이고 하얀색을 나타냅니다. 오방기 중 백색을 뽑을 경우 조상의 공줄과 관련이 깊고 명복(命福)을 가리키니 조상님의 도움으로 재물과 소원을 이룬다고 합니다. 수명과 복과 관련된 깃발입니다. 만약 사주팔자가 박한 사람이 이 기를 뽑을 경우 종교인, 역학인, 스님, 무녀, 박수가 될 수 있음을 의미하기도 합니다.

　남쪽은 화(火)방향으로 적색을 나타내며 재수(財數)를 가리킵니다. 오방기 중 적색을 뽑을 경우 소원 성취와 재수를 의미합니다. 조상님의 기운이 좋으면 이 깃발이 나온다고 합니다. 조상님의 기운으로 만사형통을 의미합니다.

북쪽은 수(水)방향으로 검정색 또는 남색을 나타내며 오방기 중 이 색을 뽑을 경우 하는 일마다 장애가 생기며 몹시 답답하다는 의미가 있고, 죽음, 사(死)를 가리킵니다. 식구 중에 몸이 아픈 사람이 있을 수 있으며 돌아가실 수도 있다는 깃발입니다. 구설수나 병원신세, 재산탕진, 실패등을 가리키는 깃발입니다.

중앙은 토(土)방향으로 황색이나 노란색으로 표현하며 오방기 중 노란색을 뽑을 경우 조상(祖上)과 관련이 많습니다. 좋은 쪽으로 해석하면 조상이 도와주러 왔다고 하며 나쁜 쪽으로 해석하면 조상 중에 고통받는 조상이 있으니 해원해 달라는 의미입니다. 토는 금전과도 밀접한 관련이 있는 색입니다.

삶의 활력소나 긍정의 힘

오행에는 목(木)화(火)토(土)금(金)수(水)가 있습니다.

우리 동양학에서는 오행중 목(木)기가 삶의 활력소, 생기, 긍정의 힘을 상징합니다. 목(木)은 계절로는 인묘진월(寅卯辰月)을 말하고 시간으로는 인묘진시(寅卯辰時)입니다. 계절로는 봄을 가리키고 시간으로는 아침 시간을 가리킵니다. 봄과 아침 시간을 연상하면 생기(生氣)가 느껴지지 않나요?

잠에서 깨어나는 시기이니 시작을 가리키며 의욕적이고 부정적이기 보다는 긍정적 에너지입니다. 삶의 활력소나 긍정의 힘을 돈으로 보자면 돈은 버는 것이 아니고 멋지게 쓸 때 삶의 활력과 긍정의 에너지를 느낄 수 있습니다. 그러나 목기가 과해지면 소모가 많아지고 의욕이 넘쳐 지출이 과해집니다. 큰 부자는 돈을 잘 쓰는 사람이고, 작은 부자는 돈을 잘 모으는 사람이라는 말이 있습니다. 역설적으로 보면 돈을 지탱하는 것은 수기(水氣)이지만 돈을 잘 써야 다시 시작이 됩니다. 저녁에 잠을 잘 자야 새롭게 아침이 시작하는 것처럼 만약 움켜쥐려고만 한다면 겨울이 봄으로 가기 싫다고 계속 겨울에 머무르는 이치와 같습니다. 사람들이 베풀면 다시금 그 만큼의 대가로 몇 배의 보상을 받을 수 있다고 말하는 것도 이와 같은 이치입니다.

21세기를 살아가는 우리는 남의 눈에 멋져 보이는 것에 치중하는데 오행으로 보면 화(火)오행과 금(金)오행입니다. 멋짐을 가리키는 화(火)와 추수하고 결실을 보려는 금(金)에만 신경 쓰며 살아가고 있습니다.

금기와 화기를 항상 생각하며 조화롭게 살아가는 것, 일명 이것을 '금화교역'이라고 표현합니다. 잘산다는 것은 목·화·토·금·수라는 오행을 함께 써야 잘 쓰는 것이고 완성체가 됩니다. 멋져 보이고 추수만 원하는 것은 오래가질 못합니다.

자연 만물과 인간사가 모두 같은 이치입니다. 생명체는 하나의 욕심으로만 살아갈 수 없습니다. 쓸데없다 생각하는 목기(木氣)가 우리에게는 생기(生氣)인 삶의 활력소를 주고 항상 긍정적으로 생각할 수 있는 힘이 되어 줍니다. 일에 있어서도 마찬가지입니다. 희망차고 의욕적인 시작이라면 결과물이 큽니다. 아침부터 짜증내고 어둡고 계산적인 생각으로 시작한다면 목기(木氣)를 제대로 쓰는 것이 아닙니다. 아침에 활기찬 하루를 시작하게 하고 봄에 씨를 잘 뿌리게 도와주는 목기(木氣)가 제대로 힘을 발휘해야만 참다운 목기(木氣)의 발산입니다. 그래야 나를 드러내는 화기(火氣)와 결과물을 가리키는 금기(金氣)가 자연적으로 연결됩니다. 그 다음이 지키는 힘, 안정을 가리키는 수(水)와 어우러진답니다.

이렇듯 활력 넘치고 긍정적인 목기(木氣)야 말로 긍정적 결과를 만들어 주는 오행이라 할 것입니다.

일상에서 운 좋아지는 법

　봄 다음에 여름이 오고 여름 다음에 가을이 옵니다. 해는 동쪽에서 떠서 서쪽으로 지게 됩니다. 모든 만물은 좌측에서 우측으로 움직입니다. 좌측에서 우측으로 기운이 돌기에 그 기운에 순응하면 우리의 인생이 자연스럽게 좋은 방향으로 흘러가게 됩니다. 이것을 우리의 생활에 적용하면 이렇습니다.

　머리 가르마를 우측에서 좌측으로 넘기는 사람이 있고 좌측에서 우측으로 넘기는 사람이 있습니다. 모든 기운은 좌측에서 우측으로 흐르기에 가르마를 할 때는 좌측에서 우측으로 넘겨야 좋습니다. 순리를 따르는 사람이 되는 것이고 일이 생각한 순리대로 흘러갈 것입니다. 반대의 경우라면 전투적인 성향을 가진 사람이며 순리보다는 변화를 좋아하는 사람일 것입니다.

　지구도 23.5도 기울어 있고 지구의 공전도 동에서 서로 움직이며 물도 동에서 서로 흘러가는 이치입니다. 풍수적으로 사무실이나 가게의 문도 같은 시각에서 볼 수 있습니다. 자연에 역행하는 사람보다는 순응하는 사람이 마음도 편하고 긍정적으로 살아가게 될 것입니다.

코털과 콧방울로 보는 일진

　일상생활에서 코털이 나온 사람은 재운이 없으며 여자와 싸울 일이 생기고 코털이 나오는 시기부터 금전운이 없게 됩니다. 관상에서는 코를 '재백궁'이라 하여 돈과 재물을 나타냅니다. 거울을 보고 코털이 나와 있다면 바로 제거해 주는 것이 좋습니다.

　코가 재물인데 코털은 재물이 삐져나온 모양이니 새는 모습이 됩니다. 또한, 콧구멍이 보이면 금고를 보여주는 모습으로 돈의 입출입이 많게 됩니다. 돈통에서 돈이 흘러 나가는 모양이라고 보아 '돈이 새는 사람', '돈의 관리가 안되는 사람'이라고 합니다.

　코의 '준두'는 콧방울을 가리킵니다. 아침에 세수할 때 콧방울을 보면 유난히 빛나는 날이 있습니다. 콧방울이 빛나는 날은 나의 일진이 좋은 날입니다. 관상에서는 코를 '나'라고 보기에 콧방울이 빛난다는 것은 '내가 빛나는 날'이 됩니다.

　그날의 일진은 피부가 퍼석퍼석하면 대체로 일진이 안 좋은 것으로 보며, 특별히 여성분은 화장이 잘 먹는 날이 좋은 날이라고 봅니다.

소리가 주는 파장

일상 행동에서 소리가 주는 파장이 있는데 좋지 않은 파장에는 어떤 것들이 있는지 보겠습니다.

습관적으로 침을 뱉는 사람이 있습니다. 물에는 생수(生水)가 있고 사수(死水)가 있습니다. 침은 생수(生水)에 해당합니다. 침을 뱉는 행위는 나의 좋은 에너지인 생기(生氣)를 뱉는 것과 같으며, 퉤!…라는 소리로 인해 문제가 발생하여 남에게 욕을 먹던지 욕을 하던지 항상 구설에 시달리게 됩니다. 관상학책에서도 '인덕이 없고 배신을 잘 당한다'라고 쓰여 있는데 정말 좋지 않은 습관입니다. 침 뱉는 사람치고 재물운이 좋던지 큰 사람을 못 보았을 겁니다.

밥을 먹을 때 쩝쩝 소리를 내며 먹는 것도 좋지 않은 습관입니다. 게걸스럽게 먹는다고 하여 밥을 먹을 때 소리 내는 것 역시 입으로 인한 구설시비가 많이 생길 수밖에 없습니다. 껌을 딱딱 소리 내어 씹는 습관 또한 구설시비를 불러들입니다.

다리를 떠는 것 또한 관상에서는 '턴다'고 하여 자기의 복을 털어낸다고 봅니다. 옛 어른들은 복 나간다고 하였고 심리학자들은 불안해서 떠는 심리로 이야기합니다.

신발을 질질 끌고 가는 것 또한 좋지 않은 습관입니다. 신발은 나를 이끌어 주는 것인데 질질 끌고 다니면 내 인생이 타인에 의해 끌려가는 것이 됩니다. 끌려가는 소리 역시 좋을 것이 없습니다.

소리가 주는 파동? 대단하지 않나요?

인생으로 본 화기(火氣)

화기(火氣)로 인생을 논해 보겠습니다.

우리 인체에서 양기(陽氣)에 해당하는 화기(火氣)는 올라가는 특성이 강합니다. 어릴 때는 발바닥에서 부터 화기의 작용이 시작되어 성장하면서 차츰차츰 위로 오르는 현상이 나타나게 됩니다.

초등학생들을 보면 알겠지만 양기(陽氣)가 발목 정도의 위치에 있는 시기입니다. 양기란 발산하는 기운이며 활동하는 기운이라 이 시절의 어린 아이들은 한곳에 가만히 머무르지 못하고 이리저리 뛰어다니게 됩니다. 화기의 영향으로 가만히 있질 못하게 되는 것이랍니다.

청소년기가 되면 양기(陽氣)는 생식기 주위에 집중적으로 몰리게 됩니다. 이 시절에는 성에 대한 관심과 호기심이 발달하면서 이성에 대한 관심이 많이 생기고 멋을 내기 시작합니다. 신체적인 변화가 급격히 일어나는 사춘기에 해당하는 시기입니다. 따라서 혈기가 왕성해질 수밖에 없는 시기입니다.

3·40대가 되면 양기는 배 쪽으로 올라오게 됩니다. 이때는 뱃심을 갖게 되어 매사에 희망과 용기를 갖고 적극적이고 진취적인 자세로 살아가는 때이며 자기 나름의 철학과 인생관이 정립되는 시기입니다. 나름 자기

과시를 하는 시기입니다. 공자님이 말한 불혹(不惑)의 나이이지만 불같은 유혹이 도사리는 시기이기도 합니다.

 40후반부터 50대에는 양기가 가슴 부위에 올라와 모이게 됩니다. 심장이 '불끈불끈'이라고 하죠? 이때가 가장 위험한 시기입니다. 사회적으로나 가정적으로 대들보 역할을 해야하는 시기입니다. 지도자로서 가장으로서의 혈기는 왕성하나 무거운 책임과 과중한 업무에 시달리고 많은 스트레스를 받아 갑작스러운 심장마비에 노출이 되기도 하며, 중풍 또는 고혈압으로 쓰러져 돌연사가 많이 발생하기 때문입니다. 중년에는 스트레스가 쌓여 화병(火病)에 노출이 잘됩니다.

 60대가 되면 양기는 머리 쪽으로 올라가게 됩니다. 우리가 흔히 입에 양기가 올랐다고 말하는 시기입니다. 잔소리가 많아지거나 이미 한 말을 자꾸 반복하는 지경에 이르게 됩니다. 말보다는 공자님께서 말한 이순(耳順)에는 귀가 순해져 모든 말을 듣기만 해도 이치를 이해해야 좋을 것 같습니다.

 이렇듯 화기(火氣)란 올라가는 특성이 강한데 올라가는 화기를 인생 전반에 대입해 보았습니다. 화기의 조정은 수기(水氣)입니다. 식어버린 열기가 아래쪽으로 자연스럽게 이동할 수 있도록 지속적인 하체 운동을 해야 좋습니다. 머리를 차게 하고 발을 따뜻하게 하면 의사의 할 일이 없게 되겠죠? 수기(水氣)란 편안함을 가리키기도 합니다. 심적으로 편안함을 유지하는 것이 좋고 밤에 산책하는 것도 좋으며 명상도 화기를 내리는 좋은 방법의 하나입니다.

각 계절을 대표하는 상징어

  봄은 자기 스스로를 단련시키는 시기로서 '주역' 계사전에서는 '자강불식(自彊不息)'의 때라고 말하고 있습니다. 자강(自彊)이란 자기 본인이 힘쓰고 노력해야 하며 불식(不息)이란 숨 쉰다는 식(息)으로 쉬지 않는다는 뜻입니다. 자기 스스로 최선을 다해 열심히 노력하는 시기를 말합니다.

  여름은 만물이 무르익는 시기이니 주어지는 것에 최선을 다하는 시기입니다. '진인사대천명(盡人事待天命)'의 때를 가리킵니다. 미련도 후회도 없이 최선을 다하고 달려가는 시기로 노력을 다한 후에 천명을 기다리면 됩니다. 하늘이 스스로 돕는 자를 도와 하늘이 인정하는 사람이 되는 시기를 말합니다.

  가을은 추수의 계절이니 지금 얻는 것이 최상이라 생각하며 '안분지족(安分知足)'의 때를 가리킵니다. 편안한 마음으로 자기 분수를 지키며 스스로 만족해야 하는 시기입니다. 자기 분수를 알고 만족하니 평안한 삶의 시기를 말합니다.

  겨울은 '유유자적(悠悠自適)'의 시기로 물러나서 세상을 관조하는 때를 가리킵니다. 자기가 하고 싶은 대로 사는 삶의 시기를 말합니다.

십성(十星)으로 보는 욕심

명리(命理)로 보면 십성(十星)이라는 별이 있습니다. 이 십성을 식(食)재(財)관(官)인(印)비(比)라는 5가지 욕심으로 이야기 해보겠습니다.

① 관(官)욕이 강하다면 관력, 명예, 관록을 더, 더, 더! 할 것입니다. 여자라면 남자가 관에 해당하니 남자에 대해 더, 더, 더! 할 것이며 남자라면 자식에 대해 더, 더, 더! 할 것입니다.

② 재(財)욕이 강하다면 재력, 돈 욕심이 더, 더, 더! 할 것이고 남자라면 여자에 대해 더, 더, 더! 할 것입니다.

③ 인(印)욕이 강하다면 배움, 필력, 부모덕, 윗사람 덕, 인정받고 싶음에 대해 더, 더, 더! 할 것입니다.

④ 식(食)욕이 강하다면 완력, 재주가 좋은 사람이고 식복이 있는 사람으로 식복을 더, 더, 더! 추구하게 될 것입니다. 여자라면 자식에 대한 집착도 여기에 포함됩니다.

⑤ 상관(傷官)욕이 강하다면 언력, 언변이 뛰어나서 사교성과 사기성이 뛰어날 것입니다. 많아도 병이고 부족해도 병이 됩니다. 순리대로 흘러야 하고 조후적으로 필요한 것을 갖춰야 합니다.

⑥ 비견(比肩)욕은 몸값을 말합니다. 본인의 몸값을 더더 올리려 하고 받

으려 합니다. 비견욕은 친구나 인맥을 가리키며 흔들리지 않는 소신을 말합니다. 상대방과의 신뢰를 말하기도 하며 뭉치면 세력이 되지만 흩어지면 사람으로 인한 피곤함이나 배신을 말하기도 합니다. 인맥을 어떻게 활용하는지가 중요합니다.

좋은 팔자, 좋은 사주, 좋지 않은 사주, 센 팔자 등 우리는 서로 그릇이 다르고 모양도 다르게 태어나서 그 그릇(인생)에 무엇(오욕)인가를 열심히 채우며 살아가고 있습니다. 채우려는 욕심은 나쁜 것이 아닙니다. '나'라는 사람을 한 단계 업그레이드시키며 완성시키기 위해 살아가는 것이니 말입니다. 그러나 너무 앞만 보고 달려가는 것보다는 옆도 보고 뒤도 보면서 여유롭게 가는 것이 좋을 듯하며 베푼 만큼 채워지니 많이 베풀고 살면 좋을 듯합니다.

오욕 이야기

3독(三毒)이라고 들어보셨는지요? 독(毒)이라는 것은 '해롭다'입니다. 나에게 독이 되는 3가지를 말하는데 '욕심, 성냄, 어리석음'을 말합니다. 3독 중에 욕심을 오행에 대입하여 말해 보려 합니다.

오행으로 배속해 보면 목(木)은 나무, 화(火)는 불, 토(土)는 흙, 금(金)은 쇠, 수(水)는 물입니다. 목(木)은 봄바람과 같아 봄바람이 산들산들 불어오니 색욕을 가리킵니다. 화(火)는 여름과 대낮 시간이므로 남들 눈에 드러나는 공간이기에 명예욕을 가리킵니다. 토(土)는 땅을 나타내니 모든 것을 흡수하고 중화시키기에 식욕을 가리킵니다. 금(金)은 가을의 결실을 나타내니 물욕과 재물욕을 가리킵니다. 수(水)는 물로 저녁 시간과 겨울을 뜻하고 안정과 휴식을 나타내니 수면욕을 가리킵니다. 이렇게 사람의 욕심을 오행에 대입하여 보았습니다.

욕심이 없는 사람은 없습니다. "난, 욕심 없어"라고 하는 사람도 지키려는 욕심이 있습니다. 목화라는 욕심은 남의 눈을 의식하는 욕심이고 금수라는 욕심은 현실적으로 자기만족을 채우려는 욕심입니다.

자기가 태어난 계절을 한번 볼까요? 봄은 여름으로 가야하고, 여름은 가을로 가야하고, 가을은 겨울로 가야하고 당연히 겨울은 봄으로 가야겠죠? 태어난 계절은 다음 계절로 달려가기 위한 사명을 가지고 있습니다. 다음 계절을 지향하고 다음 계절에 대한 갈망과 욕심이 생깁니다. 계절이 돌아가듯 욕심도 하나의 욕심만 가지고 사는 것은 아닙니다. 다섯 가지 욕심이 계절이 돌아갈 때마다 생깁니다.

겨울과 봄에 태어나면 여름에 해당하는 남에게 보이기 위한 명예욕이 기본 바탕에 있습니다. 명예욕이 엄청 크게 보일 수 있지만 작게는 남의 눈을 의식하는 것과 직장 생활자들이라고 봐도 됩니다. 여름과 가을에 태어나면 재물욕, 안정, 휴식을 원하는 것은 기본 바탕에 깔려 있습니다. 봄과 여름을 좋아하는 분들이 남의 눈을 의식한다면 가을과 겨울을 좋아하는 분들은 남의 눈을 의식하지 않겠죠? 내가 가지고 있는 본질과 비슷한 계절이 들어오면 욕심이 과하게 되어 고집이 세지고 주관도 강해지게 됩니다. 누가 말하면 콧방귀도 안 뀝니다. 자기가 제일 잘났다는 생각이 듭니다. 내가 가지고 있는 욕심과 반대 계절이 들어오면 남을 배려하는 마음과 여유가 생기게 됩니다. 상대방의 의사를 존중하고 수렴하려 할 것입니다.

계절이 바뀌면 사람 마음에 다섯 가지 욕심이 생기게 되는데 강도가 세질 수도 약해질 수도 있습니다. 우리가 기도하는 것은 욕심을 채우기 위함일 수도 있지만 욕심을 버리기 위해서 입니다. 무언가 바라는 기도는 들어주지 않는다고 합니다. 달의 주기와도 같이 채우고 비워야 하는 인생사인데 사람이 마음을 비운다는 것은 쉬운 일이 아닙니다. 반대로 보면 사람이기에 욕심도 있는 겁니다. 자제심이 있다면 팔자가 어떠하든 운이 어떠하든 만족하는 삶일 것이라는 생각이 듭니다.

사람의 심리변화

땅에는 12지지(地支)가 있듯 사람의 마음은 하루에도 열두 번 변합니다. 아침 때의 마음, 점심 때의 마음, 저녁 때의 마음, 밤의 마음이 모두 다릅니다. 어떤 때는 재미있고 어떤 때는 짜증나고 어떤 때는 죽고만 싶어집니다. 이런 심리 변화는 오장의 체온 변화에서 연유하는 것입니다.

인체는 화(火)라는 불의 기운에 영향을 받게 됩니다. 밤 1시에서 3시 사이(축시)는 체온이 가장 낮은 시간입니다. 낮에 활동하면서 올라갔던 열이 이때 식고 열이 내려가면서 피로가 회복됩니다. 그러하기에 자시(子時)와 축시(丑時)에는 잠을 자야 하는 것입니다. 가장 열이 낮은 상태에서 아침이 되는데, 이때 목(木)에 해당하는 신체 기관인 간은 열을 받습니다. 때문에 아침이 되면 의욕이 생기는 것입니다. 그러하기에 인시(寅時)와 묘시(卯時)에는 일어나야 합니다. 낮이 되면 심장이 열을 받으므로 활력이 솟습니다. 때문에 낮이 되면 대인 관계에 치중하게 되고 예의와 외세욕에 신경 쓰게 되는 것입니다. 그러다가 해가 서쪽으로 기울어지면서 폐로 화(火)기가 넘어갑니다. 때문에 오후가 되면 성취욕이 강해지며 왠지 모르게 술 한잔하고 싶어지고 쓸쓸해집니다. 그러다가 밤이 되면 수(水)의 장기인 신장이 열을 받아 섹스를 하고 싶어지고 잠을 자려고 한답니다.

음양으로 보는 남녀

　남자는 양의 기운이기에 불덩어리인 화고(火庫)가 하나 들어 있다고 보면 되고, 여자는 음의 기운이기에 차가운 냉장고가 하나 들어 있다고 생각하면 될 것입니다. 남자는 화고(火庫)가 있으니 90%는 항상 흥분되어 있는 상태이고 여자는 냉장고를 가지고 있어서 냉철하고 냉정하게 됩니다.
　뇌에는 대뇌와 소뇌가 있습니다. 대뇌는 왼쪽에 있고 소뇌는 오른쪽에 있습니다. 남자는 양이기에 대뇌가 발달하였으며 수학, 과학 등과 같이 논리적으로 생각하게 됩니다. 반면 여자는 음이기에 소뇌가 발달하여 슬픔, 눈물 등의 감정이 발달하게 됩니다. 그래서 남자는 지성적이고 논리적이며 여자는 감성적인 동물이 되는 것입니다. 그러므로 여자에게는 칭찬을 해주면 좋아하고 예쁘다고 해야 좋습니다.
　여자는 남자의 보호를 원하기에 남자를 볼 때 불의 기운을 나타내는 가슴과 어깨를 먼저 보며, 남자가 여자를 볼 때 커다란 눈과 도톰한 입술을 먼저 보게 되는 논리도 여기에 해당됩니다.

생활 오행

인(仁)의(義)예(禮)지(智)신(信)으로 오행에서 논하는 건강을 연결해 이야기해 보겠습니다.

인사를 잘하면 심장이 좋은 사람입니다. 심장을 가리키는 것이 화(火)인 예(禮)를 가리키기에 그렇습니다. 응용하면 인사를 안하거나 예의가 없으면 심장이 안 좋은 사람이 됩니다. 의리를 중요시 여기면 폐, 대장이 좋아집니다. 폐, 대장은 금(金)기인 의(義)를 가리키기에 그렇습니다. 그럼, 의리가 없는 사람은 기관지가 약하다고 봐도 될 것입니다. 얼굴이 하얀색이면 폐, 대장이 좋습니다. 하얀색은 금(金)기를 가리키기에 그렇습니다. 인자한 마음을 가지면 간이 좋아집니다. 인자함은 목(木)을 가리키기에 그렇습니다. 그럼, 인정머리가 없는 사람이라면 간이 안 좋을 수 있겠죠? 신용을 지키면 위장이 좋아집니다. 신용은 토(土)기를 가리키기에 그렇습니다. 신용이 없는 사람은 위장이 안 좋을 가능성이 농후합니다. 지혜로우면 수(水)의 기운인 신장, 방광 기능이 활성화됩니다.

분노를 달고 살면 간이 안 좋아집니다. 분노는 오행상 목의 기운을 가리키기에 그렇습니다. 너무 즐거우면 심장에 무리가 가게 됩니다. 즐거움은 오행상 화의 기운을 가리키기에 그렇습니다. 생각이 많으면 위장 기능이 떨어지게 됩니다. 생각은 오행상 토의 기운이기에 그렇습니다. 슬픔, 걱정거리를 달고 있으면 폐, 대장이 안 좋아집니다. 슬픔,걱정은 오행상 금의 기운이기에 그렇습니다. 깜짝깜짝 잘 놀라면 신장, 방광이 안 좋아집니다. 심장, 방광은 수의 기운입니다.

입안이 쓴 사람은 쓴 것을 먹으라는 신호이고, 입안이 신 사람은 신 것을 먹으라는 신호입니다. 입안이 단 사람은 단 것을 먹으라는 신호이고, 입안이 텁텁한 사람은 생명력이 약해진 사람이니 떫은 것을 먹으라는 신호입니다. 부족한 것을 채우라는 몸의 신호입니다.

신 것을 싫어하는 사람은 위장이 좋지 않습니다. 명리적으로 목극토(木克土) 현상입니다. 쓴 것을 싫어하는 사람은 폐와 대장이 좋지 않습니다. 명리적으로 화극금(火克金) 현상입니다. 단 것을 싫어하는 사람은 신장이 좋지 않습니다. 명리적으로 토극수(土克水) 현상입니다. 매운 것을 싫어하는 사람은 간이 좋지 않습니다. 명리적으로 금극목(金克木) 현상입니다. 짠 것을 싫어하는 사람은 심장이 좋지 않습니다. 명리적으로 수극화(水克火) 현상입니다.

신맛, 단맛, 짠맛, 매운맛, 쓴맛 이야기

우리가 생활하다 보면 '신맛이 먹고 싶다, 신맛이 당기네, 단맛이 먹고 싶다, 단맛이 당기네, 매운맛이 먹고 싶다, 매운맛이 당기네'라는 표현을 합니다.

음식 맛을 신맛, 단맛, 짠맛, 매운맛, 쓴맛으로 다섯 가지 맛으로 나눕니다. 사주에서 '목·화·토·금·수'라는 오행이 있듯 맛도 다섯 가지로 나눈 것입니다.

목(木) 오행은 신맛을 나타내고 신체로는 간을 가리킵니다.
화(火) 오행은 탄맛과 쓴맛을 나타내고 신체로는 심장을 가리킵니다.
토(土) 오행은 단맛을 나타내고 신체로는 비위를 가리킵니다.
금(金) 오행은 매운맛을 나타내고 신체로는 폐와 대장을 가리킵니다.
수(水) 오행은 짠맛을 나타내는데 바닷물을 생각하면 이해가 빠를 겁니다. 신체로는 신장, 방광, 자궁을 가리킵니다.

그럼, 우리가 짠맛, 짠 음식을 많이 먹으면 짠맛, 짠 음식으로 인해 신장, 방광, 자궁 쪽이 안 좋아질 수 있겠죠? 짠맛, 짠 음식이 당기는 것은 짠맛, 짠 음식을 보충해 달라는 신장 쪽의 신호로 파악해도 됩니다. 짠맛을 싫어하는 분도 있겠죠? 짠맛을 싫어하는 분은 신장의 반대편인 심장 쪽에 문제가 있던지 심장 기능이 약해졌다는 것을 나타냅니다. 그래서 짠 음식을 싫어할 수밖에 없는 것입니다.

신맛이 먹고 싶다든지 신게 당길 수도 있겠죠? 신맛이 당긴다는 것은 신체로는 간을 가리키는데 간의 에너지가 떨어져 있으니 보충해 달라는 뜻입니다. 신맛을 너무 좋아하면 간이 안 좋아질 수 있고, 신맛을 싫어한다면 위가 좋지 않아 싫어하는 것입니다.

매운맛이 먹고 싶고 매운 음식이 당긴다면 폐, 대장의 기운을 보충해 달라는 뜻으로 해석해도 됩니다. 매운맛을 싫어한다면 간 쪽에 문제가 있어 매운 음식을 받아주질 못하는 것입니다.

단맛을 좋아하면 심·혈관계통에서 당분을 보충해 달라는 것이고 단맛을 싫어하면 신장, 자궁 기능이 약하다고 봐도 됩니다. 단맛이 당긴다면 위쪽이 약해졌으니 보충이 필요하다는 뜻입니다.

우리 몸에서 단맛이 당긴다든지, 신맛이 당긴다든지, 짠맛이 당긴다든지, 매운맛이 당긴다는 것은 오장육부라는 신체 장기에서 해당하는 장기가 약하니 보충해 달라는 뜻으로 해석해도 됩니다.

오행상 금(金)과 폐 이야기

　잠을 잘 잤는데도 피부가 안 좋은 사람, 얼굴이 유난히 검은 사람은 폐가 좋지 않은 사람입니다. 신체 오장육부에서 폐는 금(金)이라는 오행으로 숨 쉬는 것을 담당합니다. 얼굴에서 폐를 가리키는 부위는 코입니다. 우리가 일반적으로 숨을 코로만 쉰다고 생각하지만 갓난아이는 피부로 숨을 쉰다는 말을 많이 들어보았을 겁니다. 그래서 우리 인체에서 오행적으로 금의 기운은 코와 폐를 가리키고 더 깊게 들어가면 대장도 가리킵니다.

　사주에 금기가 없으면 패기가 없다고 말합니다. 관상학적으로 코가 크면 패기가 넘치는 사람으로 코가 작으면 패기가 약한 사람으로 봅니다. 태음인이라고 들어 보셨죠? 태음인은 폐와 대장이 좋지 않습니다. 그래서 태음인은 땀의 배출만 잘해도 건강하다고 합니다.

　오행에서 금(金)이라는 것은 결과물이고 수확물로 볼 수 있는데 돈이 없거나 돈이 많아도 돈 걱정을 많이 하면 폐에 문제가 생깁니다. 일상생활에서 피부가 좋지 않고 별로다? 요즘 피부가 까칠하다면 거의 돈에 문제가 생긴다는 것을 암시합니다. 코에 뾰두라지가 났다면 돈 문제가 발생한다고 볼 수도 있습니다. 그럼, 금(金)의 기운인 매운맛, 매운 음식이 당긴다면 그것 또한 돈에 대한 문제로 봅니다. 매운맛, 매운 음식이 당긴다면 그

장기가 허해서 채워달라는 신호이기도 합니다.

  폐나 기관지가 약한 사람에게 도움이 되는 음식은 오행상 금(金)을 가리키는 백색채소입니다. 백색채소 중에 가장 보편적인 것은 감자로 감자는 항염증 기능이 탁월하다고 합니다. 이 밖에 폐에 좋은 백색식품으로 마늘, 무, 배, 연근, 고구마 등이 있습니다. 그 다음이 일상생활에서 가장 많이 먹는 양파입니다. 양파는 만능이죠. 고혈압을 예방하고 혈액 순환을 돕고 피를 맑게 하며 알리신 성분이 있어 폐가 좋지 않은 사람에게 매우 좋습니다. 그 다음이 양배추로 양배추는 위장에도 좋지만 항암 효능도 있다고 합니다. 그 다음이 도라지로 도라지의 사포닌은 기관지와 기침에 효과가 좋아 폐가 좋지 않은 사람에게 추천합니다.

  금(金)하니 생각나는 말이 있는데 신이 사람에게 내려준 소중한 금(金) 세 가지가 있다고 합니다.

  첫 번째 황금입니다. 황금은 경제적 여유를 말합니다.

  두 번째 소금입니다. 소금은 건강을 말합니다.

  그리고 마지막 세 번째는 지금입니다. 지금은 시간을 말합니다.

  신이 내려준 소중한 금(金) 세 가지 황금, 소금, 지금 중에서 가장 소중한 것은 지금, 이 순간이라고 합니다.

간에 좋은 음식 이야기

　간땡이가 부었다? 라고 하죠. 대범하다고 할 수 있겠지만 욱하는 특성이 있습니다. 욱하는 특성은 목(木)기에서 나오는 것입니다.

　오행상 목(木)은 녹색을 가리키고 신체로는 간, 담, 근육을 가리킵니다. 목(木)을 가리키는 녹색채소는 간에 좋은 식품으로 간 기능을 도와주고 신진대사를 원활하게 해주며 빈혈 예방에도 좋습니다. 우리가 가장 흔하게 접하는 시금치는 대표적인 녹색식품으로 각종 비타민과 영양소가 들어있어 면역력을 키워주고 인체의 신진대사를 도와주는 채소입니다. 또한, 녹색채소에는 유해 물질을 해독해 주는 효능이 있고 인돌이라는 성분이 함유되어 있어 간 건강에 도움을 주고 암을 예방해 주는 효능이 있습니다. 모든 채소와 브로콜리, 쑥갓, 케일, 시래기 등도 녹색식품에 포함이 됩니다.

　일반적으로 간에 좋은 음식을 섭취하면 아침도 개운하게 맞이하게 되며 시작하는 즐거움을 느끼게 됩니다. 건강한 삶을 위해서 녹색채소를 많이 섭취해야 할 듯합니다.

수기(水氣)를 가리키는 신장과 자궁 이야기

수기(水氣)는 찬 것이고 어두운 것이고 유연성입니다. 그래서 여자들이 임신하면 자궁이 100배까지 커진다고 합니다.

오행상 수(水)가 가리키는 것이 인체에서는 신장, 자궁, 방광입니다. 신장은 수(水)이면서 검은색을 가리키고 다른 말로는 콩팥이라고도 하여 신장이 좋지 않을 때 콩과 팥을 먹으면 좋다고 합니다. '동기상응'이라고 들어보셨죠? 콩팥이 좋지 않다면 수(水)의 색인 검은색, 검은콩이 좋다는 것입니다. 바다 음식을 가리키기에 짠 음식을 먹으면 좋고 돼지고기도 좋습니다.

오행 중에서 수기는 두려움과 놀람을 이야기합니다. 신장, 방광에 문제가 있으면 종아리가 붓는 현상이 생기고 뒷골이 당기며 중이염, 귓병 등도 쉽게 생깁니다. 머리카락도 윤기가 없어 잘 갈라집니다. 새치도 잘 생기고 변비도 잘 걸리고 치아도 좋지 않습니다.

수(水)가 부족하다는 것은 화(火)가 넘치는 것이 됩니다. 화(火)기가 머리로 올라가 열을 받을 때 수(水)기가 있는 사람은 조절이 되는데 사주에 수(水)기가 없는 사람은 취약이 됩니다. 물의 조절이 그만큼 중요한 것입니다.

검은콩, 검은깨는 신장 기능을 강화하는 효과가 있습니다. 검은콩, 검은깨, 흑미 등에 풍부하게 들어있는 검은 색소인 안토시안은 노화의 원인인 활성 산소를 중화시키는 항산화 효과가 있다고 합니다. 그 밖에 목이버섯, 김, 미역이 있고 오골계와 흑염소 등도 포함됩니다.

오행상 토(土)와 비위 이야기

 오행 성분과 상응하는 신체기관을 보면 오행에서 토(土)라는 기운은 비위와 입을 가리킵니다. 우리가 비위가 상한다고 이야기하죠? 토(土)오행은 비위를 관장하고 맛으로는 단맛을 나타냅니다. 단것이 당긴다면 비위가 단것을 필요로 한다는 신호입니다. 생각을 많이 해도 단것이 당기는 법입니다. 스트레스가 쌓이면 이상하게 단것이 먹고 싶은 것이 그 이유입니다.

 오행상 토가 오행의 중심에서 연결고리 역할을 하듯 위장은 오장을 연결하는 가장 중요한 부위라고 합니다. 토(土)는 땅으로 황색을 가리키고 음식으로는 황색음식입니다. 황색음식은 비위에 좋아 소화력 증진에 좋습니다. 그래서 황색식품인 단호박을 죽이나 찜으로 먹으면 위장 기능을 높일 수 있습니다. 황적색 색소에 많이 들어있는 카로티노이드 성분은 면역력을 증진시키고 혈당강화와 노화방지 효과가 있습니다. 또한 우리가 즐겨 먹는 카레에도 항암 효과가 있다고 합니다.

 '동기상응'이라고 하나요? 비슷한 것이 서로 감응해서 좋다고 합니다. 우리가 관절이 좋지 않을 때 소뼈나 도가니를 먹듯이 말입니다. 노란 채소를 많이 먹어 비위가 강해지길 바랍니다.

심장에 좋은 음식 이야기

　인체에서 화(火)를 가리키는 것이 심장입니다. '심장이 불끈불끈'이라고 하죠? 적색은 신체의 심장, 소장, 혀 등과 같이 붉은색 계통의 장기를 나타냅니다.

　적색채소하면 떠오르는 것이 당근으로 당근은 눈을 맑게 해주고 눈의 피로를 풀어주는 성분이 들어 있어 시력 개선에 도움이 되고 항암 효과도 있다고 합니다. 그 다음이 토마토로 토마토에 들어있는 라이코펜은 고혈압과 동맥경화 예방 성분이 있어 심장을 건강하게 해준다고 합니다. 그 다음이 사과로 사과를 아침에 먹으면 몸에 매우 좋다고 합니다. 또한, 식이섬유가 풍부하게 들어 있어 변비로 불편을 느끼는 경우 사과를 챙겨 먹으면 도움이 된다고 합니다. 특히 사과는 항암 효능이 있어 유방암, 간암, 대장암에 좋다고 합니다. 당뇨는 일단 한번 발병하면 쉽게 완치할 수 있는 확률이 적은데 사과는 이런 당뇨를 예방하는 효과도 크다고 합니다. 그리고 면역력을 높여주는 효과가 있고 비타민C가 풍부하게 들어있어 감기를 예방하고 위 점막에 보호막을 형성시켜 주기 때문에 세균이 쉽게 침투하지 못하도록 한다고 합니다. 그 밖에 건강에 좋은 적색식품으로 딸기, 감, 자몽, 대추, 구기자, 오미자 등이 있습니다.

수승화강(水昇火降) 원리

화(火)기가 위로 올라가는 것이라면 수(水)기는 아래로 내려가는 것입니다. 화의 기운이 위로 올라간다는 것은 화병이 생기는 이치이며 머리가 뜨거워지는 현상입니다. 뜨거워진다는 것은 수기가 마른다는 것이 되어 나이 들어 늙어가면서 피부에 주름이 생기고 검어지는 증상은 수기가 말라가는 현상입니다. 물기가 말라가면 이마에서부터 주름살이 생기기 시작하여 눈 밑에 주름살이 생기고 입가나 목에 주름살이 생긴 후 손이 쭈글쭈글하게 변합니다. 인상을 찡그리고 주름살이 있는 상태로 굳어지면 다시는 부드러워질 수 없게 됩니다.

이처럼 인생살이와 건강에도 음양의 원리가 적용되는데 그중에서도 수(水)와 화(火)의 영향을 가장 많이 받게 됩니다. 오래도록 젊음을 유지하고 심신의 균형을 이뤄 건강을 지키고 장수하기 위해서는 물과 불의 원리를 응용한 음양의 비결을 터득해야 합니다. 수기는 위로 올리고 화기는 밑으로 내려야 합니다. 발을 따뜻하게 하고 머리는 차갑게 하라는 것이 이 원리입니다. 물은 끌어올리고 불은 끌어내리는 수승화강(水昇火降)의 원리인데 일상생활에서는 화냄과 웃음, 슬픔과 기쁨으로 해석해도 될 듯합니다. 많이 웃어야 기쁜 일도 생기고 많이 웃어야 복도 받게 됩니다.

동양의 5가지 술수학

동양에는 5가지 술수학이 있습니다.

'명(命)복(卜)상(相)산(山)의(醫)'라고 하는데

① 명.. 명을 논하는 사주, 적천수, 자평진전

② 복.. 점을 치는 구성, 타로, 육효, 육임, 주역점

③ 상.. 상을 논하는 관상, 풍수, 손금, 족상

④ 산.. 정신수양을 논하는 명상, 기, 체면, 수련, 태권도

⑤ 의.. 침술, 한의학, 뜸을 가리킵니다.

명리를 배우다 보면 점치는 것도 배우고 싶고 그다음이 타로도 배우고 싶고 그다음에는 수양도 하고 싶고 그다음은 침술도 배우고 싶어집니다. 서로 연결되어 있기 때문입니다.

명·복·상 세 가지는 역술(曆術)이라 하여 미래를 점치고 예측하는 술수 분야이고 산은 개인 수양과 양생 분야이며 의는 질병을 치료하는 의술 분야의 술수라고 봅니다.

천지인(天地人) 사상이 있다면 명리학은 천문에 해당하는 학문이며 풍수는 천문의 법칙을 땅에 적용한 학문입니다. 그다음 한의학은 인간의 몸과 마음을 하늘과 땅의 법칙에 적용해 탐구한 학문입니다.

하늘에서 주는 4개의 선물 · 땅에서 주는 4개의 선물

	시	일	월	년
년간(年干)	시간	일간	월간	년간
지지(地支)	시지	일지	월지	년지

　국어를 배우면 주제 파악을 잘하고 수학을 배우면 분수를 알게 됩니다. 국어와 수학을 배우는 이유는 주제 파악과 분수를 알기 위한 것입니다. 저는 개인적으로 사주팔자는 개개인의 바코드, 전생의 성적표라고 봅니다.

　명리학은 우주의 원리로 나를 알고자 하는 것이라 생각합니다. 통계학으로 보기도 하고 경험으로 보기도 하지만 단답형으로 변질되어 가고 있는 현실에서 사주가 아닌 사기라고 말하기도 합니다. 왜? 근거가 없으니 말입니다. 사주를 잘 보면 좋은 말로는 '용하다'라고 말하며 '도사'라고 말합니다. 나쁜 말로는 '돌팔이', '사기꾼'이라고 말합니다.

　사주는 나는 누구인가?를 아는 것입니다. 무한 경쟁 시대에 자기 자신을 아는 것이 사주팔자라고 생각합니다. 각자의 명(소명, 사명)을 가지고 태어나서 자기에게 주어진 사명을 내가 운행에 나가는 것이 사주팔자가 아닐까요?

Ⅱ
역학 상식 이야기

언령(言靈)

언령(言靈)이란 말이 있습니다. 언어에도 혼이 깃들어 있다는 뜻입니다. 언어에는 파동(氣)의 에너지가 있고 파동에 의한 어떠한 기운이 담겨 있습니다. 말을 발음하면 '마알'이 됩니다. 해석하면 '마음의 알갱이'란 뜻으로 즉, 마음이 말로 표현된 것입니다. 마음이 가는 대로 에너지 파동이 전달되고 에너지가 가는 대로 어떠한 에너지가 발생된다는 것입니다.

이것을 '심기혈정(心氣血精)'이라고 합니다. 즉, 말은 마음가짐을 나타내고 마음은 기(氣)를 만들어 현실까지도 만들어 낸다는 뜻입니다. 가수가 노래를 부르면 그 가수의 인생이 그 노래 가사처럼 되는 경우와 연기자가 연기를 하면 연기한 것처럼 현실로 일어나는 경우를 보았을 겁니다. '호랑이도 제 말하면 온다'는 속담이 있습니다. 어떤 자리에서 마침 이야기에 오른 바로 그 사람이 나타나는 경우를 말합니다. 물론 이 말은 까마귀 날자 배 떨어지는 격으로 공교롭게 우연히 일어날 수도 있는 일이지만 말에는 '마력성'이 있어 말의 의미가 밑바탕에 깔려 있기 때문이라고 봅니다. 정말 말이 씨가 되는 것입니다.

그래서 이름이 중요하다고 하는 겁니다. 요즘은 '파동성명학'이나 '소리성명학'이라고 해서 파동으로 이름을 짓고 있습니다. 이름이나 호에서 불리는 기운이 현실을 만들어 주기 때문입니다. 우리가 일반적으로 불리는 닉네임이나 별명은 현재의 기운을 가리키는 것이니 좋지 않은 별명은 피하는 것이 좋습니다.

파동이라는 것은 참 무서운 것 같습니다. 우리가 운명에도 씨앗이 있듯 마음씨, 말씨, 글씨, 솜씨라는 말을 많이 합니다. 죽겠다는 말을 많이 할수록 일들이 계속 꼬이게 됩니다. 한숨을 쉰다든지 신세한탄을 하면 일이 계속 풀리질 않게 됩니다. 걱정한다고 걱정이 해결되면 얼마나 좋겠습니까?

모든 사건에는 원인이 있듯 조짐이 있게 마련입니다. 좋은 징조를 만들기 위해 먼저 좋은 징조를 만들어야 하겠습니다. 급하다고 해결되진 않습니다. 이런 말이 있습니다. 몸집의 크기와 분당 심장 박동수는 반비례한다고 합니다. 사람은 1분에 80번 정도 뛰는데 동작이 느리든지 여유 있게 행동하는 사람이 더 오래 산다고 합니다. 행동에서 보면 걸음이 느리고 밥을 천천히 먹는 사람은 장수하고 인생이 편하나, 걸음이 빠르고 밥을 빨리 먹는 사람은 인생도 피곤하고 여유 없게 산다고 합니다. 관상에서는 인중을 보고 판단하여 인중이 길수록 여유가 있다고 합니다. 바쁘게 살아봐야 빨리 죽는답니다. 천천히 걷는 습성을 가지면 좋을 듯합니다.

띠별 전해 내려오는 속설

띠에 대한 속설입니다.

개띠가 저녁에 태어나면 개밥 주는 시간이라 좋다는데? 정말 좋은가? 사실 띠별 속설이라는 것은 속담 같은 것인데 맞을 수도 있고 틀릴 수도 있습니다. 그래도 신빙성이 있으니 지금까지 전해져 왔다고 생각합니다. 전혀 맞지 않았다면 지금까지 전해 내려오지 않았을 것입니다.

☞ 쥐띠

"쥐띠가 저녁에 태어나면 쥐가 활동하는 시간이라 좋다?"

쥐는 저녁에 활동하니 좋을 수 있습니다. 사주에서 어두움을 삼합으로 신자진(申子辰)이라고 해서 수(水)를 가리키는데 수는 지혜를 가리키기도 합니다. 차가운 것이기에 냉철하다고 볼 수도 있습니다. 긍정적으로 보면 틀린 이야기는 아닌 듯싶습니다. 부정적으로 보면 너무 차갑고 어두워서 외로움이 많고 잔머리를 잘 쓰며 음흉하거나 비밀이 많은 쪽으로 갈 수 있습니다. 쥐가 자시에 태어나면 12신살로는 장성살이라 하여 자기 에너지를 최고로 잘 쓰는 시간입니다.

☞ 소띠

"소띠로 태어나면 일을 잘한다? 일복이 많다? 고집이 세다? 겨울 소는 편하다?"

소(丑)라는 동물 자체가 죽을 때도 사람에게 선짓국으로 먹으라며 '피'까지도 선물하고 떠나는 동물이니 희생과 봉사가 따르는 동물입니다. 멋진 녀석입니다. 누가 알아주지도 않는데 말입니다. 사주에 소를 가지고 있다면 기술자가 많고 장인이 많습니다. 묵묵히 쭉 자기 할 일만 해 온 분, 그래서 30~50년 장기로 일하는 힘도 되고 종교인도 많고 황소고집이라고 해서 똥고집도 있고 나름 멋진 녀석입니다. 특히 여자는 전생까지도 들먹일 수 있는 분입니다. 개인적인 사견으로 팔자에 소를 가지고 있다는 것은 나의 번영보다는 타인을 번영시켜야 내가 더 빛나는 것 같습니다. 타인들에게 봉사한다는 것은 내가 전생에 진 빚을 갚기 위한 것입니다.

☞ 호랑이띠

"호랑이띠는 남편을 극하고 출세를 가로막거나 남편이 일찍 죽는다?"
"호랑이띠는 팔자가 세다?"

그렇습니다. 호랑이는 12마리 동물 중 가장 파워풀합니다. 그런데 요즘 같은 21세기에는 이런 호랑이 한 마리는 가지고 살아야 좋습니다. 내가 난데? 하면서 호랑이 기질이 있어야 멋진 인생을 살아갑니다. 21세기에는 팔자가 세야 합니다. 이 험난한 세상, 역동적인 세상에 힘이 없거나 머리가 비상하지 않으면 이 세상을 잘 살아가지 못할 것입니다. 서방님 능력만 믿다간 굶어 죽을 수도 있습니다. 호랑이는 당사주에서는 천권성을 가리킵니다. 그만큼 능력도 머리도 총명한 동물입니다. 특히 여자에게는 최고의 선물인 듯싶습니다. 참고로 호랑이띠는 집에서 살지 못하고 타지나 타향에서 성공하게 됩니다. 세계적으로 성공한 기업인 중 호랑이띠, 호랑이월, 호랑이날, 호랑이시 중 걸리지 않은 기업인이 없습니다. 인목(寅木)은 사람들과 잘 어울리지 못해 혼자 놀지만 생활력이 강하고 오뚝이 기질을 타고났으며 역마로 외국과 인연하게 됩니다. 자식이 인목(寅木)이면 일찌감치 떨어져 살아야 좋습니다. 같이 살면 호랑이 기질이 사라지기 때문입니다. 여자가 인목(寅木)이 중중하면 팔자가 센 것은 맞습니다.

☞ 토끼띠

"토끼띠는 애교가 많고 가정적이어서 부모를 잘 모신다?"
토끼의 장점은 부지런하며 귀엽다는 것이고 단점은 겉은 애교 많고 귀엽지만 너무 예민하여 겉과 속이 다를 수 있고 가장 현실적이면서 계산적입니다. 불면증과 관절이 좋지 않을 수 있으며 당사주에서는 천파살이라 하여 토끼를 가지고 있으면 그에 해당하는 궁이 깨지는 것으로 봅니다. 깨진다는 것은 떨어져 살아야 좋다는 뜻으로 풀이합니다. 토끼는 애교가 많고 가정적이라 부모를 잘 모신다는 것은 팔자 원국에 따라 달라질 수 있습니다.

☞ 용띠

"용띠 여자 자신은 출세하지만 남자의 출세를 가로막는다? 고로 팔자가 세다?"

용은 현실에 없는 가상의 동물입니다. 좋게 이야기하면 용상에 앉다? 왕이 된 듯 무게를 잡고 화려한 것, 화려한 말솜씨를 자랑하게 됩니다. 그러나 안 좋게 이야기하면 거짓말, 가오다시, 폼생폼사가 심합니다. 12마리 동물을 붙여 놓았기에 주변에 가지각색의 사람들이 많이 몰려 있습니다. 용상에 앉은 왕이기에 스포트라이트를 받는 직업군이 좋고 사람을 상대하는 일이 좋으며 서민을 상대하는 싸구려 장사에 적합한 것이 용입니다. 겉보기에 화려한 용이기에 여자에게는 가장 불리한 동물이 될 수도 있습니다. 자기 일은 똑 부러지게 해내는 용이기에 이로 인해 여자는 집안을 먹여 살려야 하는 기운을 가지고 있습니다. 참고로 용은 습토(濕土)로 농사와 잘 맞고 수집하는 것을 좋아하며 마트나 편의점을 많이 합니다.

진토(辰土)인 용은 상상의 동물로 삶의 기복이 심하며 변화무쌍합니다. 잘 돌아다니며 이상을 꿈꿉니다. 꿈도 잘 맞고 색다른 직업, 색다른 능력, 신비주의 성향이 강합니다. 신기가 들어오면 강하게 들어오는 것이 용입니다. 당사주에서 용을 천간성으로 표현하는데 천간성은 부부 이별로 논합니다.

☞ 뱀띠

"뱀띠는 융통성이 없다? 옆이나 뒤를 돌아보지 않고 무조건 전진한다?"

뱀을 몰라서 하는 말입니다. 뱀은 5월을 가리키는 동물입니다. 봄철 개나리꽃이나 진달래꽃을 보면 너무나 예쁩니다. 이 좋은 계절의 독뱀으로 가장 현실적이기에 그렇게 보이는 것뿐입니다. 12동물 중 가장 변색을 잘하는 뱀은 카멜레온처럼 본인의 색을 변화시킵니다. 이해타산이 가장 빠른 동물이라 쉽게 변해 버립니다. 융통성과 사교성이 좋지만 자기에게 손해나는 행동은 하지 않습니다.

5월의 꽃을 보면 겉은 예쁘지만 가시가 있고 속에 독이 있는 능구렁이가 뱀입니다. 그러다가 배신도 잘 당하는 것이 뱀입니다. 인생사 굴곡이 있는 동물이고 변온동물로 간사하며 이중적입니다. 말과 행동이 불일치하나 분위기 메이커가 될 수 있고 적응력이 좋아 권모술수에 능합니다. 사기꾼 기질이 있고 깨끗한 것을 좋아하며 좋아하는 일만 합니다. 12마리 동물 중에 가장 설득력이 좋고 폭발력이 있으며 예의 있게 행동합니다. 뱀은 가장 현실적인 동물이어서 손해나는 짓은 절대 하지 않습니다.

☞ 말띠

"말띠가 여름에 태어나면 먹을 복이 있다? 낮에 태어나면 먹을 복이 있다?"

쥐띠가 저녁에 태어난 것과 같은 논리입니다. 쥐띠가 저녁에 태어나면 냉철하고 말띠가 낮에 태어나면 긍정적으로는 정열적이고 부정적으로는 엄청 더워 게으를 수 있고 음탕할 수 있습니다.

당사주에서는 천복성이라 하여 무언가의 복을 가지고 태어나는 것이 말띠입니다. 말은 앞만 보고 달리는 동물이기에 말띠는 주변을 신경 쓰지 않고 자기 갈 길만 달려갑니다.

☞ 양띠

"양띠는 온순하고 가정적이다?"

양띠나 사주에 양을 가지고 있으면 주변에 사람이 많이 따르나 도움되지 않는 쓸데없는 사람이 많고 쓸데없는 일이 많아 바쁩니다. 결정짓고 결론을 단호히 내리지 못하기 때문에 주변 사람의 말에 귀를 기울이면 좋습니다.

양은 순진해 보이고 온순한 척? 하면서 가까운 사람에게 똥고집을 부립니다. 양떼 목장에 가면 개가 양을 몰지 사람은 양을 몰 수 없다는 것을 알 수 있습니다. 양은 아닐 미(未)와 같아 주변 사람들에게 양보를 많이 해야 하니 온순하고 가정적으로 보이는 듯합니다. 완전 예민하고 예리한 물건이나 기계 등을 잘 만지며 기술이나 손재주가 있습니다. 또한 맛(味)과 관련이 있어 음식 솜씨가 탁월하고 미각이 뛰어납니다.

양은 변화를 싫어하며 안정성을 추구합니다. 참고로 양띠 미토(未土)는 겁이 많아 이사도 가까운 곳으로만 하고 함께 사는 것을 좋아합니다. 우리말 쓰는 것을 좋아하고 경청하며 이해심이 많습니다. 눈치도 100단입니다. 확인 사살하며 큰 투자는 하지 않습니다.

진술축미(辰戌丑未) 중 미토(未土)가 제일 나약합니다. 바람도 잘 피우지 못하고 "양띠는 온순하고 가정적이다?" 그렇다고 봐도 됩니다.

☞ 원숭이띠

"원숭이띠는 잔머리가 뛰어나다? 머리를 잘 굴린다?"

원숭이띠는 12마리 동물 중에 가장 재주가 많고 총명합니다. 사람(인간)

다음으로 똑똑한 동물로 잔머리와 잔재주가 끝내줍니다.

옛날에는 원숭이 한 마리만 있어도 신빨(촉)이 있다고 했습니다. 당사주에서는 천고성이라고 하여 고독을 즐기는 팔자를 가리킵니다. 무엇보다도 머리 하나는 끝내줍니다.

☞ 닭띠

"특히 닭띠 여자는 돈을 모으지 못한다? 노력한 만큼 소득이 없다?"
사주에 닭이 있으면 능력의 인자로 봅니다. 주변에 능력자가 많고 본인의 능력도 많다고 봅니다. 돈을 모으는 능력이 충분히 좋으며 노력한 만큼의 소득이 따르는 것이 닭입니다. 단, 피곤하게 돈을 벌 수 있으며 맞는 말을 너무 정확하게 해서 주변 사람들과 자주 사단이 날 수 있습니다.

"특히 닭띠 여자는 돈을 모으지 못한다? 노력한 만큼 소득이 없다?" 절대 아닙니다. 닭만큼만 하면 됩니다.

☞ 개띠

"특히 개띠 여자는 집에 붙어 있질 못한다?"
개는 집을 지키는 동물입니다. 귀중품을 지키는 역할도 합니다. 책임감이 12마리 동물 중에 가장 강하고 개띠로 태어나면 사농공상의 재능 중 하나의 능력을 부여받고 살아가는 것입니다. 인생을 살아가는데 특출한 재주 한 가지를 가지고 살아가게 됩니다. 개띠 여자는 대체로 좋으나 개띠 남자가 자기 사업을 한다면 피곤합니다.

개띠는 충성심과 책임감이 몹시 강해 주어진 일과 맡은 일은 잘 해냅니다. 또한 옛 것을 중시하고 보수적 성향이 강합니다. 주인에 따라 인생이 달라지므로 주인만 잘 만나면 되는 것이 개띠입니다. 개띠가 잘못 풀리면 극심한 낙오자가 되어 답답하기 끝이 없는 백수가 많습니다.

"특히 개띠 여자는 집에 붙어 있질 못한다?" 아닙니다. 지키는 힘이 강한 것이 개입니다.

☞ 돼지띠

"돼지띠는 먹을 복이 있다?"

돼지는 먹을 복이 있습니다. 해(亥)월이면 농사를 마무리하는 달이라 먹을 것이 널려 있습니다. 돼지를 가지고 있는 사람이 망했다고 해도 주변에서 살아갈 방도를 알려주는 사람이 반드시 있습니다. 그래서 먹을 복이 있다고 하는 것 같습니다. 먹을 복을 타고났으니 먹을 것이 떨어지지 않으나 먹는 것에 대한 집착이 매우 강합니다. 또한 배고픈 것도 참지 못합니다.

단, 돼지를 가지고 있다면 마무리(정리)가 약한 것이 흠입니다. 정리정돈이 되고 않고 지저분합니다. 팔자에 돼지를 가지고 있으면 돼지고기 장사나 외국과 연결하면 좋습니다. 해수(亥水)는 대지같이 마음이 넓어 사람에게 피해를 주지 않고 살아갑니다. 또한 밤에 돌아다니고 밤에 일합니다. 쥐는 쥐도 새도 모르게 돌아다니고 해수(亥水)는 뭐든 해야 해서 돌아다닙니다. 적응력이 탁월하여 찬밥, 더운밥 가리고 않으며 직업의 귀천도 가리지 않습니다. 노력파이며 자기 밥벌이는 합니다. 타지 사람과 스스럼없이 친해질 수 있는 별이 돼지입니다.

"여자 백 말띠, 용띠, 범띠가 밤에 태어나면 팔자가 세고 남자를 이기려한다?" 요즘은 무조건 세야 합니다. 세야 남자를 먹여 살리든지 차버리든지 할 수 있습니다.

"쥐띠는 평생 먹고 살 걱정이 없으며 굶어 죽지 않는다?" 쥐는 내성적이고 대낮보다는 저녁에 활동성이 좋습니다. 밤에 태어난 쥐가 더 활동적입니다.

"소띠는 평생 분주하다?" 봄, 여름의 소는 해시와 자시를 제외하고는 분주합니다. 소띠가 5, 6월 오전에 태어나면 평생 일복이 많습니다.

"범띠는 밤에 활동성이 강하나 낮에 태어나면 활동성이 적어 소극적이다?" 남자 범띠는 동지섣달 밤에 태어나면 바람기가 심하다는 말도 있습니다. 호랑이는 산에서 살기에 산에 살면 좋습니다.

"한 집에 호랑이띠 여자가 2명 이상이면 불운이 닥친다?" 동물의 왕국에 왕이 둘일 수 없기에 이런 말이 나온 것 같습니다. 호랑이 밭에 호랑이가 나옵니다. 콩 심었는데 팥 나오는 것이 이상한 것이죠. 호랑이를 두 마리 가지고 있다면 큰물에 나가야 좋고 큰 사람들과 활동하면 좋습니다. 그리고 호랑이에 해당하는 육친과는 떨어져 살아야 좋습니다.

"토끼는 분주하다? 부산하다? 묘하다?" 토끼는 유일하게 말을 하지 않는 동물이라 음흉합니다. 묘시는 아침 출근 시간이니 분주할 수밖에 없습니다.

"용띠는 봄, 여름에는 적극적이고 가을, 겨울에는 소극적이다?" 진토는 나무가 자라기 좋은 땅이라 봄, 여름이 좋으며, 용은 승천하려면 사주에 물이 꼭 있어야 합니다.

"뱀은 동면을 합니다. 그래서 겨울 뱀은 힘이 없다?" 여름, 가을 뱀이 독이 강해 역동적입니다. 뱀은 신사(巳)여서 직장생활이 더 좋습니다.

"말은 외향적이고 이성적인 매력이 많다?" 명마(名馬)는 말발굽이 있어야 합니다.

"백 말띠로 태어난 여자는 모두 팔자가 세다?" 요즘 시대에는 정열적이고 센 말띠가 좋습니다. 남들 눈에 멋진 일, 스포트라이트 받는 일, 대민 업무, 홍보 이런 쪽이라면 더 좋습니다.

"양은 온화하고 순하여 며느리가 딸을 낳아도 구박을 받지 않는다?" 양은 미인들이 많고 고산지대에 사니 높은 지역에 살아야 발복합니다.

"원숭이띠는 원숭이처럼 재주가 많다?" 원숭이는 십자가를 가지고 있어서인지 능력이 많습니다. 그러나 나무에서 떨어질 수도 있습니다. 원숭이는 입에 칼을 물었습니다.

"닭띠는 닭이 무엇을 파헤쳐야 먹을 것이 나타나듯 돈을 써야 돈을 번다?" 닭은 새벽에 가장 분주합니다. 닭띠가 새벽에 태어나면 가장 바쁘게 삽니다. 한겨울 닭은 소극적입니다.

"개띠는 개 같은 놈이 많고 이중적 생활자이며 종교생활을 하면 좋고 자기 밥값 술(戌)한다?" 개는 물면 놓지 않습니다. 그 정도로 책임감이 좋습니다.

"돼지는 지저분하지만 먹을 복은 있다?" 뭐든 해(亥)야 하고 경제 관리도 해(亥)야 합니다. 해(亥)지도 잘합니다. 돼지는 나무를 봐야 좋습니다.

그 외 음력 1, 3, 8일에 태어난 사람은 '인동살'이라 해서 파란만장한 삶을 삽니다. 정말 그런 경우를 많이 보았습니다. 인동살을 가지고 있으면 활인업이 좋고 남들에게 봉사하며 사는 사람들은 잘사는 듯합니다.

각 12마리 동물들의 결함

쥐는 눈, 소는 이빨

호랑이는 목, 토끼는 관절과 입

용은 귀, 뱀은 다리

말은 담, 양은 눈

원숭이는 얼굴, 닭은 신장

개는 심장, 돼지는 관절에 결함이 있는 동물이라고 합니다.

쥐는 눈에 결함이 있는 동물입니다.
그래서 자(子)날에 눈병이 생기면 고치기 힘들다고 합니다.

소는 이빨에 결함이 있으며 위장도 약한 동물입니다.
소가 여물을 바로 소화시키지 못하고 되새김질을 하는 것은
위장이 약하기 때문입니다.
그래서 축(丑)날에 위병이 생기면 낫기 힘들다고 합니다.

호랑이는 목에 약점이 있는 동물입니다.

때문에 뒤를 돌아볼 때 온몸을 다 틀어서 돌아본다고 합니다.
인(寅)날에 목병이 발병하면 고치기 힘든 불치병이 된다고 합니다.

토끼는 입술이 결핍된 동물입니다.
임신 중에 토끼고기를 먹으면 언청이를 낳는다는 속설도
토끼의 이런 특성 때문인 듯합니다.
묘(卯)날에 입병이 생기면 약이 없다고 합니다.

용은 상상의 동물이지만 귀에 결함이 있는 동물입니다.
진(辰)날에 귓병을 앓으면 고치기 힘들다고 합니다.

뱀은 다리가 결핍되고 피부가 좋지 않은 동물입니다.
사(巳)날 다리에 병이 생기면 고치기가 힘들다고 합니다.
뱀은 개와 함께 피부가 매우 나쁜 동물로 뱀고기를 많이 먹는 남자는
자식 대에 이르기까지 피부병이 유전된다고 합니다.

말은 담의 기능이 퇴화된 동물입니다.
오(午)날에 담석증에 걸리면 난치병이 된다고 합니다.

양과 염소는 눈동자가 결핍된 동물입니다.
눈병이 들었을 때에는 양고기나 염소고기를 먹지 말아야 하며
미(未)날에 눈병이 걸리면 고치기 힘들다고 합니다.

원숭이는 볼에 결함이 있는 동물입니다.
신(申)날에 얼굴에 병이 생기면 약이 없다고 합니다.

닭은 신장에 결함이 있는 동물입니다.
신장은 생식기능과 밀접한 기관으로서 알을 낳는 동물들은 대부분
신장이 발달되어 있지 않습니다.
따라서 신장에 병이 있을 때에는 닭고기를 금해야 하며
유(酉)일에 신장병을 앓게 되면 고치기가 힘들다고 합니다.

개는 심장에 결함이 있는 동물입니다.
심장 장기 그 자체보다는 마음이라는 측면에 더 큰 비중을
두고 있습니다. 심장은 우리말로 '염통'이라고 하는데
이는 '염치를 담고 있는 통(염통)'이라는 뜻입니다.
심장에 질환이 있는 사람은 특히 개고기를 멀리해야 하며
술(戌)일에 심장병이 든 사람은 고치기가 힘들다고 합니다.

돼지는 관절에 결함이 있는 동물입니다.
관절이 좋지 않거나 신경통을 앓는 사람은 돼지고기를
먹지 않는 것이 좋습니다.

태어난 계절(양력) 이야기

1. 1월생 축(丑) 소 이야기

　축(丑)월은 1월5일 소한부터 2월4일 입춘까지입니다. 시간은 새벽 1시 30분부터 3시 30분까지를 말합니다. 축(丑)월은 새벽 2시의 기운과 소의 기운을 동시에 가지고 태어난 것입니다. 가장 추운 시기이니 인고의 시간이 필요한 시기입니다. 새벽 2시는 어둠의 절정으로 정신적인 분야나 어두운 환경에서 소처럼 묵묵히 일하는 모습으로 장기근속자가 많습니다. 하나의 기술로 20년, 30년 장기 근무할 힘은 소가 없으면 절대 되지 않습니다.

　소는 성실, 인내, 꾸준함으로 뭔가 비축(丑)하는 능력이 있는 동물입니다. 꾀를 부리거나 순발력이 있는 동물이 아니기에 소를 가지고 있다면 현재는 고생스럽지만 나중에는 안정적인 자산을 비축하게 됩니다.

　축(丑)은 인(寅), 묘(卯), 진(辰)이라는 봄을 준비하고 새벽을 준비하는 인자입니다. 어둠을 닫고 밝음을 열 준비를 하는 것입니다. 소처럼 묵묵히 희생과 봉사를 해서 봄을 열 수 있게 해 주는 인자라 가정에선 없어서는 안 될 사람입니다. 자신의 속내를 내보이지 않고 감정을 너무 감춰 속병이

날 수도 있습니다. 변화가 적고 정신적인 분야라면 반드시 성공할 수 있으나 너무 열심히 일하여 허리나 관절이 안 좋을 수 있습니다. 열심히는 하는데 대접이 약한 것 또한 소입니다. 소를 가지고 땅으로 돈을 벌고 싶다면 무조건 축축한 땅, 변두리 땅을 사야 돈이 됩니다. 해(亥), 자(子), 축(丑)이라는 공간은 교육적, 정신적, 비밀스러운 일이 가능하니 축월생의 특성상 꾸준함과 성실함으로 결과를 만들 수 있기에 눈에 띄지 않는 종교, 철학, 심리, 교육, 기술을 활용하여 살아가면 분에 맞는다고 봅니다.

2. 2월생 인(寅) 호랑이 이야기

2월은 새롭게 시작하는 달로써 호랑이달입니다. 계절로는 2월 4일 입춘부터 3월 4일까지이고 시간은 새벽 3시 30분부터 5시 30분까지입니다.

호랑이는 12마리 동물 중 가장 무섭고 파워가 있는 동물입니다. 그 추운 겨울을 이겨내고 봄이 시작되는 달인 2월에 무시무시한 동물인 호랑이를 배속한 것 같습니다. 그래서 2월생들은 뭔가 뚫고 돌파하는 기운을 가지고 있어 무형의 무기로 시시한 일은 하지 않고 최고를 지향합니다. 국기가 꽂혀있다든지 파워풀한 곳을 좋아합니다. 국기가 있다 하면 관공서나 나랏밥을 먹는다고 봐도 되고 한 분야에 가장 뛰어난 곳, 자기가 인정받는 곳에서 일하려 합니다.

호랑이월은 해가 뜨는 시간이며 입춘의 시기이고 아침의 기운으로 목(木)의 시기입니다. 목(木)의 반대인 금기는 오후를 이야기 하고 가을을 가리킵니다. 금(金)기는 결실과 상관이 있습니다.

가을이 추수하는 시기라면 아침과 봄은 씨를 뿌리고 출근하는 시간이니 타인의 경쟁 논리에서 교육, 디자인, 건축, 설계, 역마, 의류, 유아 관련 쪽에서 활동하게 되면 훨씬 능력 발휘를 잘하게 됩니다.

2월생들은 태어나면서 호랑이와 놀아 본 적이 있다고 생각해서 머리 회전이 엄청 빠릅니다. 호랑이에게 잡히면 죽게 되니 죽지 않으려면 머리를 잘 써야하기 때문에 남들이 생각하지 못한 아이디어를 쉽게 생각하는 사람입니다. 호랑이월생은 타인과 경쟁시켜 놓으면 더 무서운 능력을 발휘하게 됩니다. 그러니 경쟁을 붙여 놓아야 더욱 빛나고 명예와 인기가 올라가게 됩니다. 호랑이월에 태어나면 그 분야에 최고가 되고자 하고 인기와 인정을 받고자 합니다. 어려운 일에 부닥치면 숨겨놓은 야수의 성향이 나타나게 되어 성과급제가 훨씬 좋습니다. 달로만 본다면 최고의 달이며 복 받는 달에 태어난 것입니다.

3. 3월생 묘(卯) 토끼 이야기

3월은 토끼의 계절입니다. 양력 3월 4일부터 4월 5일까지이며 시간은 아침 5시 30분부터 7시 30분까지입니다.

토끼는 꽃 피는 봄이기에 뭐든 새롭게 창조하려 하고 시간으로 보아 아침에 일어나서 세수하고 화장하고 꾸미는데 정신이 없어 많이 예민해지는 기운입니다. 뭔가를 계획하든지, 꾸미든지, 설계하든지, 디자인하든지 할 수 있는 재능을 부여받았습니다. 인(寅), 묘(卯), 진(辰)이라는 아침 시간이고 봄의 기운이라 생산적이고 만들어 내는 일인 기획, 창작, 교육 분야가 좋습니다.

토끼는 깡충깡충 뛰는 놈이기에 역마성이 있고 토끼같이 남들에게 귀엽게 보이고 싶어합니다. 그러나 봄에 씨를 뿌린다는 것은 결실을 보고 싶은 것이고 아침에 일어난다는 것은 자기에게 주어진 일이 있다는 것이니 계산된 책략일 수 있습니다.

남들에게만 귀엽게 보이고 싶은 것이지 욕심이 많고 예민하며 천파성으로 나눠지는 기운이 있습니다. 나눠진다는 것은 섬세하게 나누는 작업이고 감수성으로 보기도 합니다.

묘월생들은 밝은 일출의 상황으로 사물의 특성이 그대로 드러나니 세밀함과 예리함을 다루는 일들로 교육, 기획, 디자인, 제조, 생산, 식품, 의료, 장식, 건축 분야에 종사를 많이 합니다. 땅에서 꽃이 자라듯 토끼의 글자를 연상시키는 정교하고 예술적인 특성과 함께 손가락을 가리키는 손재주를 활용하면 좋습니다. 장사를 하면 여성적이고 예쁜 것, 아기자기한 것을 팔면 좋을 듯합니다.

4. 4월생 진(辰) 용 이야기

4월생은 용월에 태어난 사람을 가리킵니다. 진(辰)월은 4월 4일 청명부터 5월 4일 입하까지로 봄에서 여름으로 넘어가는 시기입니다. 시간은 아침 7시 30분부터 9시 30분까지입니다. 예전에는 가난하고 못사는 시기여서 아침에 식사를 했는지 묻는 '진지 드셨어요?'라고 인사를 했습니다.

진(辰), 술(戌), 축(丑), 미(未)라는 땅 중에 생물을 가장 잘 성장하게 하는 조건이 가장 좋은 땅이 진토(辰土)입니다. 조건이 가장 좋아서인지 허상을 꿈꾸는 것 또한 진토(辰土)입니다. 용은 현실에는 없는 12동물을 붙여 놓은 가상의 동물로 종합성을 가진 동물입니다. 예전에는 왕이 용상에 앉아 용포를 둘러쓰고 있었습니다. 그래서인지 용은 폼을 잘 잡고 말도 잘하며 남들 눈에 왕으로 보이고 싶어합니다.

  용을 가지고 있다면 목표를 너무 높게 잡기보다는 현실을 직시할 필요가 있습니다. 가진 재주는 많은데 이상만 좇아 시간만 보내고 결실을 보지 못할 수도 있습니다. 그래서 하나하나 목표를 이루어 나가는 것이 좋습니다. 돈도 마찬가지입니다. 차곡차곡 모아가는 것이 진월생에게는 좋고 인(寅), 묘(卯), 진(辰)월의 특성상 생산적인 일, 기획, 창작, 교육 등이 좋습니다.

  진월은 진(辰), 사(巳), 오(午), 미(未)로 이어져 입하가 들어 있고 여름을 시작하는 사(巳)에게 바통 터치를 하게 됩니다. 그래서 진월에 태어나면 어둠을 감추고 밝히는 일을 하며 사물의 특성이 구별되는 교육적인 일이나 사회성이 강화되고 인기를 추구하는 일을 찾습니다. 남의 눈치를 너무 보는 것이 흠일 수도 있지만 많은 사람을 다룰 수 있는 재주도 됩니다.

  진월이 되면 웬만한 꽃들은 세상 밖으로 나오고, 진시가 되면 늦잠 자는 사람도 일어나는 시간입니다. 그래서 사람 많은 공간에서 활동하고 싶어하고 여러 가지 일을 할 수 있는 재주를 가지고 있다고 봐도 무방합니다. 사람을 상대하는 일, 인기와 관련한 일이 좋습니다. 진실성이 있으면 어느 분야에서도 인정받는 것이 용입니다.

5. 5월생 사(巳) 뱀 이야기

5월은 절기상 입하가 있어 여름을 알리는 달입니다. 사(巳)월은 5월 5일 입하부터 6월 5일 망종까지이고 시간은 오전 9시 30분부터 11시 30분까지를 가리킵니다.

사람들이 출근하여 본격적으로 일을 하는 시기이고, 계절로 보면 이제 본격적인 농번기입니다. 주변에 어른들까지도 품앗이를 위해 전부 모이는 시기입니다. 그래서 그런지 운동을 해도 함께하는 운동을 하게 되며 공동체 생활이 익숙한 시기입니다. 씨를 뿌린다는 것은 결과에 대한 집착이 강한 것이 됩니다. 뱀은 독뱀이어서 사람을 물면 물어 죽이는 압력이 센 동물입니다.

이 시기는 계절적으로 사람이 활동하기에 딱 좋은 시기입니다. 실제로 보이는 사람의 온도도 그렇습니다. 엄청 부드러운 척합니다. 뱀은 온도에 따라 색을 바꾸듯 그만큼 처세가 끝내줍니다. 감정대로 처리하는 법이 없습니다. 엄청 실리적입니다.

뱀은 천문성을 가리키기에 영민하고 분석하는 능력이 좋습니다. 뱀월에 태어났다면 공부를 기본으로 해야 성공할 수 있습니다. 뱀 사(巳)를 스승 사(師)로 봐서 자격을 갖춰야 인정받을 수 있기 때문입니다. 전문직이나 기술직에서 두각을 나타냅니다.

사오미(巳午未)라는 대낮의 시간, 여름의 기운에 태어나면 자타가 공인하는 것을 좋아하고 자격을 갖춘 영업, 홍보, 유통 등 언변을 활용하여 대중적으로 왕성한 곳에서 활동하게 되며 시장 유통, 역마를 활용하기도 합니다. 공부를 했다면 군인, 경찰, 법조인, 언론, 방송 쪽에서 두각을 나타내기도 합니다.

6. 6월생 오(午) 말 이야기

6월은 6월 5일 망종부터 7월 5일 소한까지를 가리키고 시간은 11시 30분부터 13시 30분까지입니다. 말이 옆으로 고개를 못 돌리듯 6월에 태어난 사람은 고집이 세고 완강하며 심지가 엄청나게 굳습니다.

오(午)라는 말은 시간으로 보면 정오, 태양이 남중하는 시간이며 여름이 무르익는 계절입니다. 가장 밝은 시기이고 가장 화려한 시기입니다. 얼굴에 점이 어디에 있는지 다 보이고 기미까지도 보이는 시간대라 거짓이 없으며 스포트라이트 받는 것을 좋아합니다.

6월은 꽃이 가장 아름답게 피어있는 시기입니다. 그래서 오~~花라고 합니다. 그 시대에 유행하는 문화, 예술, 연예, 광고 등에서 두각을 나타냅니다. 말이라는 동물은 열심히 달려야 더 멋있게 보여서인지 열심히 살아갑니다.

6월생은 매력과 개성이 뚜렷하고 순식간의 기동성이 끝내줍니다. 불같은 기질로 열정적이나 화가 나면 무섭습니다. 그러나 성냥불 같아 화를 내더라도 금방 확 풀리게 됩니다. 이럴 땐 그냥 제풀에 지치게 놔두는 것이 좋은 방법입니다.

사오미(巳午未)라는 여름과 대낮 시간이니 자타가 공인하는 영업, 홍보, 유통, 구변 활동이 좋습니다. 오라는 말의 계절로서 활발한 시장 논리가 적용되어 장사를 해도 그 시대에 가장 핫(hot)한 물건을 파는 것이 좋습니다. 공개된 공간이므로 언론, 금융, 대민 업무, 광고 등이 좋고 요즘 유행하는 유튜브 등을 활용하는 것도 좋습니다.

말은 많은 사람과 함께하고 앞만 보고 달려가니 자기만의 길만 똑바로 보며 가게 됩니다. 그래서 주변을 돌아보며 천천히 가는 것도 말에게는 필요합니다.

7. 7월생 미(未) 양 이야기

7월은 미(未)달이라고 해서 양을 가리킵니다. 계절로는 7월 7일 소서부터 8월 7일 입추 전까지이며 시간은 오후 13시 30분부터 15시 30분까지입니다.

7월에 오후 3시이니 초복과 중복이 들어있는 가장 더운 달이고 해가 중천에 떠있어 가장 더운 시간대입니다.

가장 건조한 땅을 가리키는 것이 미토(未土)입니다. 이제 그 화려한 여름의 기운을 가을로 전달하는 역할을 합니다. 마무리하는 기운인데 극과 극을 바꾸는 역할을 하게 됩니다. '금화교역'이라고 하여 금과 화를 교역하는 의미인데 천역성을 뜻해서인지 정말 교역을 주관합니다. 사람과 사람을 연결해 준다든지 물건과 물건을 연결해 준다든지 정보와 정보를 연결해 줍니다.

양은 겉보기에 순진해 보이며 가장 눈에 잘 띕니다. 산양이라 날아다니며 가장 높은 고지대를 가리킵니다. 더운 시간이니 시원한 물 한 잔 먹고 싶은 시간이며 조용한 곳이나 외진 곳으로 가고 싶어합니다.

　남들에게 시원한 물 한 잔 주고 싶은 마음이니 봉사성으로 가면 좋고 의료, 의료용품, 식당 등 살리고자 하는 일이 좋습니다. 식당은 돈은 받지만 사람들을 먹이고 키우는 것이기에 좋습니다.

　한자로 양의 글자에 입구만 붙이면 맛 미(味)라는 글자가 됩니다. 맛을 아는 글자입니다. 그래서 훌륭한 조리사는 양을 가지고 있습니다. 맛 미(味)자를 써서 그런지 인간관계도 좋습니다. 꽃을 키우면 원예요, 돼지를 키우면 축산업이요, 애들은 키우면 선생입니다. 좋은 것이 좋은 것이라 생각하고 미정이라는 단어 때문인지 안일해질 수도 있고 못난 글자가 되기도 하니 남을 위한 봉사성으로 쓰면 좋습니다. 사오미(巳午未)라는 여름이므로 자타가 인정하는 영업, 홍보, 유통, 구변이 좋으며 역마와도 관련이 깊은 동물이고 중계하는 역할이 좋습니다. 미월은 시끄러운 곳에서 소극적으로 바뀌는 시기이며 저축, 보관, 창고업, 저장, 분배, 결산으로 흘러가는 시기입니다.

8. 8월생 신(申) 원숭이 이야기

　신(申)달 8월은 원숭이달입니다. 계절은 8월 7일 입추부터 9월 7일 백로까지이고 시간은 오후 3시 30분부터 5시 30분까지를 가리킵니다.

　원숭이월은 입추라 가을이 열리는 달이지만 실질적으로는 몹시 덥고 겨울로 달려가는 녀석이기에 항상 외롭고 고독하다고 여깁니다.

　원숭이는 달로 보면 추수하는 시기여서 뭐가 돈이 되는지를 정확히 알고 있으며 다른 계절에 비해 먹을 복을 가지고 태어났습니다.

　가을이기에 무엇인지 확실히 구분하고 구별하는 시기라 현실적이고 계산 능력이 뛰어나며 재화를 만드는 능력이 탁월합니다. 그러니 신(申)월생 만큼 판단 능력이 좋은 동물은 없는 듯합니다. 나쁘게 말하면 잔머리가 좋은 것이고 좋게 말하면 남들이 생각하지 못하는 아이디어를 제일 먼저 생각해 낼 수 있는 능력입니다. 그러나 원숭이는 나무에서 떨어지기도 하니 경거망동으로 일을 그르치기도 합니다.

　더운 달이라 시원한 물이 필요한데 그 필요한 물을 가지고 있는 원숭이는 남에게 윤택함을 주는 일을 좋아하고 조용한 것을 좋아합니다. 많은 곡식이 내 주위에 있다고 생각해서인지 주변 사람과 어울리는 것을 좋아하지 않고 정해진 사람만 어울립니다. 원숭이는 엄청 현실적인 동물이고 까칠하다고 봐도 무방합니다.

　신유술(申酉戌)이라는 계절은 가을입니다. 분배하고 저장하며 결산하는 시기이니 분배의 구체화가 진행되며 금융, 금속, 날카로움, 정리를 가장 잘하는 시기입니다. 원숭이는 당사주에서 천고성을 가리키는 동물로 고독을 즐기는 동물이기에 식구 자랑은 금물이나 때론 혼자만의 고독을 즐기기도 합니다.

9. 9월생 유(酉) 닭 이야기

　9월은 유(酉)월이고 닭의 달입니다. 9월 7일 백로부터 10월 7일 한로까지이고 시간은 오후 5시 30분부터 7시 30분까지입니다.

9월은 만물의 결실인 수확의 계절입니다. A급, B급, C급으로 확실히 나누고 확실한 것을 좋아합니다. 직업적으로도 수확하는 시기이니 바꾸려 하지 않습니다. 뭔가 정해지면 그것을 지속해서 써먹으려 하며 장기간 지속할 힘이 있습니다.

닭은 먹이를 콕콕 쪼아 먹듯 정확하게 하는 것을 좋아하며 남의 잘못을 콕콕 잘 집어내어 남의 가슴을 콕콕 아프게도 합니다. 그래서 주변 사람들과 분쟁이 많을 수 있습니다.

끊고 맺음을 확실히 하려는 기질이 강해서 자기 관리를 잘하고 맡은 일을 잘 처리합니다. 기동성은 떨어지나 먹을 복을 가지고 태어난 사람입니다. 닭은 당사주에서는 천인성입니다. 천인성이 있다는 것은 몸에 칼 댈 일이 있다고 보며 활인업이나 칼을 쓰는 직업이 좋습니다.

신유술(申酉戌)이라는 가을의 영향으로 분배, 저장, 결산하는 능력이 좋고 정밀하게 하는 일이나 분배하고 저장하는 일이 좋습니다. 정밀하고 정확한 판단을 해야 하는 곳에서 두각을 나타내게 됩니다. 노래를 부르거나 강의를 해도 말을 똑 부러지게 하는 힘은 닭에서 나옵니다.

10. 10월생 술(戌) 개 이야기

10월은 술(戌)월이고 개의 달입니다. 계절은 한로인 10월 8일부터 입동인 11월 7일까지이고 시간은 오후 7시 30분부터 9시 30분까지입니다.

가을을 접고 겨울로 들어가는 시기이니 저장하고 비축하는 기운이 있습니다. 멍멍이는 집을 지키려는 힘과 주인에게 잘 보이려는 이중성이 있는 동물입니다. 윗사람에게는 충성을 다하나 아랫사람에게는 함부로 대하는 버릇이 무의식적으로 있습니다. 은행 업무, 보험, 경비 등 무시무시한 것을 지키려는 힘이 있습니다. 그래서 창고지기가 많습니다.

개는 자기를 자극하지 않는 이상 절대 물지 않습니다. 태양이 지는 시간이라 화를 잘 내지 않고 잘 참으나 한번 화가 나면 무서울 정도로 화를 냅니다. 삶은 공격적인 것보다 지키는 것이 유리합니다.

멍멍이는 '귀신을 본다'라는 말이 있는데 정말 귀신 세상을 다루는 사람이 많습니다. 태양을 죽이는 술시이기에 밝은 것이고 문명이니 '세상 돌아가는 것을 나는 안다'가 되는 것입니다. 태양이 문명 세계의 정보라면 이 세상에 중요한 정보를 '자기는 알고 있다'입니다. 멋지면서 다루기 힘든 녀석이 멍멍이입니다.

신유술(申酉戌)이라는 가을이기에 분배, 저장, 결산 능력이 좋고 술월의 특성상 정리, 보관, 저장을 잘하며 정신적인 일에 능력을 발휘합니다. 그래서 꾸준히 안정적으로 지켜 나가면 좋습니다.

당사주에서는 천예성으로 자기만의 독특한 재능을 부여받고 태어난 사람입니다. 사농공상의 분야 중 어떠한 한 가지 분야에서 두각을 나타내는 별을 가리킵니다. 태양인 화(火)를 염(廉)으로도 보기에 자기의 성공을 위해서는 염치불문하고 행동하는 성향을 나타내는 것이 술(戌)입니다.

11. 11월생 해(亥) 돼지 이야기

11월은 입동이 시작되면서 어둠이 내리는 계절입니다. 해월은 11월 7

일 입동부터 12월 7일 대설까지이고 시간은 저녁 9시 30분부터 11시 30분까지입니다.

11월이 되면 추수를 끝내서인지 먹을 곡식이 널려있는 시기입니다. 11월생은 먹을 복과 인덕을 가지고 태어났으나 상대적으로 비축하는 힘은 떨어집니다. 또한 11월은 '이일저일', '이것저것', '이 공부 저 공부' 다 해 볼 수 있는 인자입니다. 돼지우리가 지저분한 것처럼 정말 모든 일이 지저분합니다. 학문이나 지식도 마찬가지로 한 가지를 깊게 하지 못합니다. 그래서 선생을 해도 초등학교 선생이나 유치원 선생입니다. 전문성이 떨어지기에 그렇습니다. 일도 진득한 맛이 없고 돈 버는 일이나 인간관계 또한 그렇습니다. 친구는 많은데 도움되는 친구는 별로 없고 실속 없는 행동을 많이 합니다. 해월생이라면 뭐든 계획성이 필요합니다. 돈도 계획적으로 써야 합니다.

사주에 돼지가 있으면, 키워내는 일을 하면 좋습니다. 공부해서 교육 쪽으로 가면 좋고 외국과 연관 지어 살면 좋습니다. 사업을 해도 외국과 연결해서 하고 식당을 해도 외국이나 밤에 하는 장사를 합니다. 해월생은 밖에 나가 활동하는 것이 좋으며 무역, 교육, 유흥, 비밀스러운 것도 가능합니다.

돼지를 가지고 있으면 무조건 나무를 봐야 핵심이 됩니다. 사주 지지에서 나무는 인(寅), 묘(卯)를 가리킵니다. 인, 묘를 가지고 있으면 핵심 인물이 되지만 없으면 별로 좋지 않습니다.

분명 팔자에 돼지가 있으면 공부를 많이 해야 잘될 가능성이 크며 교육적인 일, 밤에 하는 일, 외국과 관련된 일, 역학, 심리상담, 돼지고기 장사를 하면 좋습니다.

12. 12월생 자(子) 쥐 이야기

12월은 쥐월이고 저녁 12시의 별입니다. 자(子)월은 12월 5일 대설부터 1월 5일 소한까지이고 시간은 밤 11시 30분부터 1시 30분까지입니다.

자의 물상은 추운 겨울이고 저녁 12시니 항상 외롭다고 생각합니다. 저녁 12시에 불 꺼놓고 할 수 있는 일은 제한적입니다. 그러나 한겨울의 영양분을 한 점에 응축시켜 놓은 형태로 무에서 유를 창조하는 기운입니다.

남들이 생각하지 못하는 아이디어를 창출하는 것이 쥐(子)입니다. 그러나 잘못하면 잔머리나 잔꾀로 흘러갈 수 있으니 주의해야 합니다. 눈을 감고도 할 수 있는 정신적인 일을 좋아하고 어두운 환경이라 활동성은 떨어지나 인내심이 좋습니다.

쥐월에 태어나면 생각만 하지 말고 실천하는 것이 중요합니다. 쥐를 잡으려면 쥐덫에 걸리게 해야 하니 재미를 붙여 스스로 오게 만들어야 합니다.

자(子)는 결명자, 오미자 등 아주 작은 씨앗을 가리키고 자식을 가리킵니다. 이 세상의 눈에 보이지 않는 것이며 비밀스러운 행동입니다. 쥐가 대낮에 활보하면 큰일납니다. 그래서 애정 문제, 자식 문제, 남에게 말 못할 비밀사가 있다고 봐도 됩니다.

12월생은 어두운 것을 무기로 밝은 곳에서 써먹습니다. 쥐를 가지고 있으면 어둠에 익숙해 어둠에 대한 것은 프로라고 생각합니다. 그 어둠의 인자로 아이디어를 창출하는 것이니 아이디어를 활용한 직업군이 좋습니다. 해자축(亥子丑)이라는 공간은 교육적, 정신적, 비밀스러운 일이 좋으며 눈에 보이지 않은 상황과 연결되어 철학, 종교, 심리, 의학, 연구 등에 능력을 발휘하게 됩니다. 힘으로 하는 일보다는 머리를 써서 살아가는 환경으로 어두운 것을 무기로 밝은 곳에서 써먹는 강의 형태도 좋습니다.

간지적 정확한 시간

12지신	띠	시간
子 (자)	쥐	23시 ~ 1시
丑 (축)	소	1시 ~ 3시
寅 (인)	호랑이	3시 ~ 5시
卯 (묘)	토끼	5시 ~ 7시
辰 (진)	용	7시 ~ 9시
巳 (사)	뱀	9시 ~ 11시
午 (오)	말	11시 ~ 13시
未 (미)	양	13시 ~ 15시
申 (신)	원숭이	15시 ~ 17시
酉 (유)	닭	17시 ~ 19시
戌 (술)	개	19시 ~ 21시
亥 (해)	돼지	21시 ~ 23시

　태어난 시간이 자시인지 축시인지? 태어난 시간이 오시인지 미시인지 도대체 몇 시부터 자시인지? 몇 시부터 오시인지 헷갈리는 것 같습니다.
　자(子)시라는 12간지 시간을 알아보려고 다음에서 검색해 보았습니다. 자(子)시가 밤 11시부터 1시로 나오고 있습니다. 네이버에서 검색해 보았습니다. 네이버에서도 자(子)시가 밤 11시부터 1시로 나오고 있습니다.
　왜? 사주 보는 곳에서는 자시를 23시부터 1시로 보지 않고 30분 늦춰

23시 30분부터 1시 30분이라고 할까요? 사주 보는 곳을 가면 23시부터 자시라고 하는 곳이 있고 23시 30분부터 자시라고 하는 곳도 있습니다.

헷갈리지 않나요? 도대체 정확한 자(子)시는 몇 시부터일까요? 결론부터 말하면 정확한 자시는 23시부터 1시가 맞습니다. 우리나라가 사용하는 시간이 잘못되어서 그런 것입니다. 현재 우리나라는 우리나라 시간이 없고 일본 동경시를 따르고 있습니다. 불쌍한 나라죠? 광복절을 맞아 나라는 되찾았지만 시간은 되찾지 못했기 때문입니다. 무슨 말이냐고요? 6·25때 맥아더장군이 일본과 우리나라의 시간이 달라 전쟁을 치르기 불편하여 일본 시간에 우리나라 시간을 맞췄습니다. 그 이후 지금까지 우리나라는 동경시를 쓰고 있는 것입니다. 동경보다 우리나라 시간은 31분인가 32분인가 차이가 나는데 그냥 30분으로 잘라 자시를 23시 30분부터라고 하는 겁니다.

정리해 보면 자시는 23시 30분부터가 맞고 축시는 1시 30분부터, 인시는 3시 30분부터, 묘시는 5시 30분부터가 맞는다고 보면 됩니다. 아직도 묘시가 책에 나온 시간처럼 5시부터라고 우기는 사람, 인시가 3시부터라고 우기는 사람 그 분들과는 놀지 마시길 바랍니다. 오히려 북한은 북한 시간으로 평양시를 맞췄다고 들었습니다. 우리나라가 우리나라 시간을 찾을 수 있을까요? 통일 후에나 생각해 봐야 할 문제인 듯합니다.

12간지 시간에 대해서 논해 드렸는데요, 태어난 시간을 12간지 시간에 대입하면 태어난 시를 찾을 수 있을 것입니다. 요즘은 어플로 만세력에 입력하면 자동으로 검색해서 간지를 알 수 있답니다.

일이 안 풀릴 때

　머리카락이 지저분하면 정신상태도 맑지 못합니다. 머리카락으로 그 사람의 성향이나 성격을 알 수 있는데 머리카락이 굵을수록 성격이 강한 사람입니다. 그래서 곱슬머리인 사람이 고집이 세다고 합니다. 머리를 얼마나 단정히 했느냐가 정신상태를 말해준다고 해도 무방합니다. 정신상태가 둔해지면 판단력도 흐려지고 일을 그르치기 쉽습니다. 머리카락이 단정치 않으면 윗사람에게도 믿음을 주지 못합니다. 머리를 깨끗이 감고 나면 기분도 상쾌해지고 판단력도 뛰어나서 윗사람에게 신뢰감을 줄 수 있을 것입니다. 그래서 머리를 감으면 평범한 생활에서 운세를 좋게 하는 열쇠라고 생각합니다. 머리카락은 단정하고 윤기가 나야 합니다. 건강한 사람일수록 머리카락이 단정하고 윤기가 나는 법입니다.

　한 가지 더 이야기한다면 이마를 보이는 것이 좋습니다. 이마는 하늘을 가리키는데 머리카락으로 이마를 가린다면 하늘이 깜깜해 부모덕이나 천기(天氣)를 받을 수 없다고 해석합니다. 이마는 하늘이니 윗사람과 부모님을 가리키는데 이마를 가리고 있다면 부모의 상황이 답답하다는 것을 간접적으로 보여 주는 것입니다. 또한, 관상에서 윗사람을 나타내는 곳이 이마인데 윗사람 덕을 논할 수 없고 본인 자체를 숨기고 있는 모습이 됩니다. 이마를 가린다는 것은 답답함을 나타내는데 내가 답답함이 없다면 시키는 일만 하면 그만입니다.

　운이 안 풀릴 때 머리를 자주 감고 머리카락을 단정히 하며 이마를 보이고 다니길 바랍니다. 운이 좋아지는데 한몫하는 방법입니다.

과유불급, 태과불급
좋은 것도, 즐거운 것도 지나치면 병이 된다.

과유불급(過猶不及)은 무엇이든 지나치면 모자란 것만 못합니다.

태과불급(太過不及)은 무엇이든 과하면 부족한 것만 못합니다.

이 말은 명리학에서 자주 나오는 말입니다.

행복은 독립적으로 존재하지 않습니다.

행복과 불행은 동일한 양상의 다른 측면이라고 보면 됩니다.

주역에서 논하는 '음중양, 양중음'과 같은 논리입니다.

불행은 아직 행복의 그림자가 겉으로 드러나지 않는 상태이고

행복은 아직 불행의 그림자가 겉으로 드러나지 않은 상태입니다.

이러한 행복의 본질을 안다면

세상사에 일희일비(一喜一悲) 하지 않을 것입니다.

겨울이 가고 봄이 오듯 혹한 겨울은 찬란한 봄을 열어줍니다.

이것이 역(易)에서 말하는 음양(陰陽)의 본질이고

불이(不二) 생사가 둘이 아니고 하나라는 말입니다.

금전운을 상승시키는 방법

　일반적으로 집에 들어오면 지갑을 꺼내는 분들이 많습니다. 지갑이라는 성분은 음양에서 음으로 봅니다. 당연히 돈도 음의 성질을 지니므로 외출하고 돌아오면 지갑은 어두운 곳에 두는 것이 맞습니다. 아니면 지갑을 꺼내놓지 않는 것이 좋습니다. 지갑을 화장대나 서랍장에 꺼내 놓으면 이상하게 돈 나갈 일이 자꾸 생깁니다.
　풍수에서는 금전운이 좋아지는 방법이 많이 있습니다. 집안에 고장난 물건이 있으면 금전운이 좋지 않다고 봅니다. 집안의 시계가 멈췄다는 것은 집안의 기운이 멈췄다고 보기에 바로 건전지를 교체하거나 고장이 났다면 바로 버려야 합니다. 전자제품이 멈추거나 형광등이 나갔다면 붉은 기운이 멈춘 것이기에 명예에 문제가 발생합니다. 기운이 멈추는 것은 모든 좋지 않게 논합니다. 이럴 때는 바로 새것으로 교체하던지 버려야 합니다. 식탁의 유리가 깨졌다면 집안의 기운이 깨진 것입니다. 식탁이나 탁자의 유리가 깨졌는데 테이프로 붙이고 사는 집치고 잘사는 집이 없습니다. 인감도장도 떨어져 깨졌다면 교체하는 것이 맞습니다. 인감도장은 중요한 일에 쓰이는 것이기에 쓰는 동안 사업이 망했다면 그 도장도 없애야 합니다. 인감도장을 찍었는데 일이 잘되었다면 길운(吉運)이 지속될 것입니다. 집안의 수도에서 물이 똑똑 떨어지는 소리 또한 좋은 소리가 아닙니다. 우리가 곡소리 난다고 하죠? 곡소리가 조만간 들릴 수 있음을 예고합니다. 물이 샌다면 바로 고쳐야 합니다.

예금통장이나 인감 등 자주 사용하지 않는 중요한 물건은 북쪽에 보관하는 것이 좋습니다. 북쪽은 오행상 수(水)의 기능으로 한번 들어가면 잘 나오지 않는 기운이고 쓸데없는 소비를 막고 모을 수 있는 기운입니다. 금전운이 좋아지는 방법을 이야기해 보았습니다.

지갑 사는 방법

색상의 경우 자신에게 맞는 길한 색상이 있습니다.

돼지띠, 토끼띠, 양띠는 검은색,
원숭이띠, 쥐띠, 용띠는 하얀색,
뱀띠, 닭띠, 소띠는 붉은색,
호랑이띠, 말띠, 개띠는 초록색 계통이 무난합니다.

큰 틀에서 띠로만 보면 무난한 색이 나오지만 각 개인에게 좋은 색도 있으니 참고하면 좋을 듯합니다. 구입하는 방법은 사주적으로 나에게 길한 방향으로 가서 구입하면 되는데 일반적으로 반안살 방향이 좋은 방향입니다. 구성학을 아는 분들은 구성학에서 '년월일반'이 모두 길성이 오는 방위를 찾아서 구입하면 됩니다.

지갑을 구입하였다면 은행에 가서 빳빳한 새 돈 100만원을 최소 2달간은 사용하지 않고 계속 지갑 속에 넣어두는 것이 좋습니다. 이렇게 하면 북두구진의 기운과 재운이 가득찬 행운의 지갑이 완성됩니다.

지갑을 살 때 주의할 점은 돈에 여유가 있을 때 구입해야 좋고 돈이 부족할 때나 급하게 구입하면 좋지 않습니다. 운기가 좋을 때 지갑을 구입해야 하며 운기가 좋지 않을 때 구입하면 좋지 않습니다. 지갑은 싸구려보다는 이왕이면 좋은 것이 좋습니다. 만약 지갑을 하수구에 빠뜨리거나 지갑에 오물이 묻었다면 지갑의 재운이 사라진 상태로 지갑에 부정이 깃든 것으로 보아 그때는 과감하게 지갑을 버리고 지갑에 들어있는 돈과 내용물들을 모두 교체해야 좋습니다.

피하면 좋은 시기

피하면 좋은 시기에 대해 논해 보겠습니다. 사주팔자가 아닌 평상시에 알면 좋은 내용입니다. 기운이 바뀌는 기간이란 구기(九氣)가 혼잡한 기간을 가리키는데 이때는 중요한 일은 삼가는 것이 좋습니다.

년에서는 입춘(立春) 전 6일~입춘(立春) 후 3일 사이에는 중요한 일은 삼가는 것이 좋습니다. 년의 기운이 바뀌는 시기라 그렇습니다.

월에서는 12절기가 바뀌기 전 12시간~12절기가 바뀐 후 6시간 사이에는 중요한 일은 보지 않는 것이 좋습니다. 절기가 바뀌는 기운에는 음양이 혼돈되기에 그렇습니다.

일에서는 해시(亥時)와 자시(子時)의 사이 1시간(23:00~24:00) 사이에는 중요한 일은 보지 않는 것이 좋습니다.

시에서는 시간과 시간이 바뀌는 사이 전후 10분에는 중요한 일을 벌리지 않는 것이 좋습니다.

지금 말한 이 시간대에 사건, 사고가 생긴다면 기운이 혼잡되는 시간이라 좋지 않은 일이 벌어질 수 있고 복잡한 일들이라 생각하면 됩니다.

남자는 양(陽), 여자는 음(陰)
음양으로 남녀를 논해 보기

목화토금수라는 오행에서 목화는 양의 기운, 금수는 음의 기운입니다. 남자는 양의 기운이기에 목화의 기운이 발달되어 있고 여자는 음의 기운이기에 금수의 기운이 발달되어 있습니다.

목(木)은 간과 담을 가리키고 화(火)는 심장을 가리킵니다. 목(木)기는 의욕을 가리키는데 남자는 여자보다 의욕이 넘칩니다.

또한, 남자는 여자보다 어깨와 가슴이 넓고 화(火)기가 발달되어 심장이 좋습니다. 심장은 가슴 가운데 있죠? 심장이 발달되었다는 것은 긍정적인 마인드와 행동적인 면에서 활동적이며 남자는 여자보다 밖으로 나가려는 기질이 더 많습니다.

여자는 음이기에 가을의 기운인 폐와 겨울의 기운인 신장이 남자보다 발달되어 있습니다. 여자가 폐와 신장이 발달되었다는 것은 긍정적인 면보다는 부정적인 면을 생각해 볼 수 있습니다. 신장이 제일 밑에 있죠? 여자는 남자보다 아래쪽인 엉덩이가 더 발달되었다고 합니다. 남자는 상체가 발달되었고 여자는 하체가 발달된 것이 이런 이치인 것입니다.

남자는 일을 잘 벌이는 특성이 강하지만 마무리가 약한 것이 일반적인 특성입니다. 사실 여자가 더 신중하기 때문에 남자는 여자 말을 들어야 좋습니다. 여자들의 단점으로는 남자에 비해 속이 좁고 더 초조해할 수 있으며 불평불만도 남자보다 더 강하겠죠.

음기와 양기는 큰 차이가 있습니다. 남자와 여자가 성별이 다르고 음양도 다릅니다. 남자 같은 여자가 있을 수 있고 여자 같은 남자가 있을 수 있습니다.

이렇게 서로 다른 남자와 여자가 음양을 맞추고 사는 것이 궁합인 듯합니다.

남자의 행동 성향으로 배우자 덕을?

　남자의 행동 성향으로 배우자 덕이 있는지? 없는지를 알 수 있을까요? 결론부터 이야기 하면 꼭 사주를 보지 않아도 행동 성향으로도 지금 여자 덕을 논하는 시기인지 아닌지를 알 수 있습니다.

　남자가 주변 친구들이 많아 어울림이 많고 주변 사람과 엮이는 일이 많다면 배우자 덕을 논하기 힘든 때입니다. 명리적으로 논하면 비겁이 재성을 극하는 시기라 그렇습니다.

　남자가 자기주장이 강해도 여자 덕이나 배우자 덕을 논할 수 없는 시기입니다. 삶이 자기 주도적이라면 사주에서는 비겁의 시기라고 말을 합니다. 여자를 재성으로 보는데 재성을 극하는 시기라 배우자 덕을 논할 수 없습니다.

　남자는 아버지를 좋아해야 재운이 좋은 것이고 여자에게 잘해야 돈이 들어옵니다. 재미있는 논리죠? 사주에서는 아버지와 부인을 같은 재성으로 보기 때문입니다. 본인의 아버지가 짜증난다고 생각는 남자는 본인의 여자에게 절대 잘할 수 없습니다. 한번 시험해 보시기 바랍니다.

　그럼, 이번에는 엄마와 자주 연결되면 어떨까요? 엄마를 좋아하는 것과 엄마와 엮이는 것은 약간 차이가 있는데 엄마와 엮임이 많다면 배우자 덕을 논하기보다는 배우자가 우리 엄마를 좋아하지 않고 두 사람의 관계가 어색할 수 있습니다. 명리에서 논하는 '재극인(財剋印)' 상태이기 때문입니다.

남을 배려하기보다 받으려 하고 채우려는 마음이 강한 시기라면 대체적으로는 배우자 덕을 논할 수 없습니다. 사주에서 인성은 받는 것이고 식상은 주는 것으로 인성이 강하면 배우자 덕과는 멀어지기 때문입니다.

여자의 행동 성향으로 배우자 덕을?

여성은 남편 덕이 있는 사람인지? 없는 사람인지? 알 수 있을까요? 그 여성의 행동 성향으로 남편 덕을 알 수 있습니다.

옆의 사람이 나를 답답하게 바라본다? 답답해 보이는 사람들 많죠? 그 여성은 웬만해서는 남자 덕이나 남편 덕을 논할 수 없습니다. 답답하다는 것은 사주에서 식신이 문제이기 때문입니다.

자신의 의견을 상대방이 따라주길 원한다? 내 의사를 따르라는 것은 "내 말 들어라!"입니다. 사주에서 식상의 행동입니다.

제 잘난 맛에 산다? 자기 잘난 맛에 산다는 것은 반대편인 남자가 들어올 수 없습니다. 남편 덕과 귀함을 버리고 살겠다는 행동입니다.

남 잘되는 꼴을 못 본다? 남 잘되는 꼴을 못 본다는 것도 마찬가지입니다. 나의 반대편인 남자 덕을 논할 수 없습니다.

움직이는 것을 싫어한다? 사주에서는 움직이는 것을 식상이라고 하는데 움직이는 것을 싫어하는 것은 식신이 병(病)으로 작용할 때 나타나는 행동입니다. 식신은 관을 치기에 좋지 않은 행동입니다.

여우짓을 잘한다? 여우짓을 잘하는 것은 상관이 병으로 작용해서 나오는 습관입니다. 상관도 관을 치기에 남편 덕이나 남자 덕을 논할 수 없습니다.

　신호등을 지키지 않으려 한다? 신호등을 지키지 않는 행동 또한 사주에서 상관의 행동입니다. 상관은 긍정적으로 작용하면 융통성(유도리)이지만 정관이라는 귀함을 없애기에 남편 덕, 남자 덕, 귀함이 없습니다.

　불평불만이 많다? 불평불만은 식신, 상관이 병으로 작용할 때 나오는 습관입니다. 식식과 상관은 관을 극하기에 남자 덕, 남편 덕, 귀함이 없을 확률이 105프로입니다.

우울증 걸리는 시기

　사람은 1년에 한 번씩은 우울증에 빠집니다. 그 이유는 새로운 것을 좋아하기 때문입니다. 사업이나 직장에서 똑같은 일을 3년만 하면 싫증이 나고 짜증이 납니다. 계절이 바뀌듯 사람은 변화를 추구해서 그렇습니다.
　변화가 있어야 의욕이 생기고 신진대사가 활성화됩니다. 똑같은 것을 반복하면 사람은 쉽게 싫증을 느끼게 됩니다. 의욕이 없어지고 이것이 누적되면 무기력해 질 수밖에 없습니다. 기운적으로 자기 띠에 해당이 되는 달이 오면 사람은 우울증에 빠지기 쉽습니다. 예를 들면 양력으로 소띠는 1월, 호랑이띠는 2월, 토끼띠는 3월, 용띠는 4월, 뱀띠는 5월, 말띠는 6월, 양띠는 7월, 원숭이띠는 8월, 닭띠는 9월, 개띠는 10월, 돼지띠는 11월, 쥐띠는 12월에 우울증이 옵니다. 이 달이 되면 한 달 내내 우울증에 빠지는데 이런 증상은 남자보다 여자가 더 심합니다. 여자는 감상적이며 내부구조가 남자와 다르기 때문입니다. 이 시기가 우울증이 걸리는 시기이기도 하지만 모든 일의 중대사가 잘 결정되는 시기이기도 합니다.
　예외적으로 대운의 환경이나 한해의 운이 좋은 사람이나 뿌리가 튼튼한 사람은 긍정적으로 쓰이나 운이 좋지 않은 사람은 우울증으로 가기 쉬운 달입니다.

돈 받기 좋은 날

돈 받기 좋은 날을 간단하게 논한다면 내가 개띠라면 술(戌)날 가서 이야기하면 됩니다. 내가 용띠다? 그럼 진(辰)날 행하면 됩니다. 나의 기운이 가장 왕성한 날이라 그렇습니다.

그럼, 돈을 빌리고 싶다면 어떻게 해야 할까요? 당연히 상대방의 띠날 가서 부탁하면 됩니다. 상대방이 강한 날이 되면 어깨가 으쓱해지는 날이기 때문에 웬만하면 들어줍니다. 테스트해 보길 바랍니다.

사주에서는 이런 논리도 있습니다. 호랑이날, 말날, 개날은 약속이 지켜지는 날입니다. 달력에 호랑이, 말, 개 그림이 그려진 날 찾아가 보세요. 이날 나온 이야기는 지켜지게 되어 있습니다. 이날에 돈 부탁을 한다면 확실한 날이 됩니다. 명리적으로는 친구, 동료이면 비견·겁재날과 비견·겁재달이 좋고 윗사람이면 인성날과 인성달이 좋습니다. 아랫사람이면 식상날과 식상달이 좋고 돈이 생기는 날은 재성날과 재성달이 좋습니다. 12신살적으로는 망신날 돈이 잘 들어옵니다. 망신살을 각 띠별로 논해 본다면 돼지띠, 토끼띠, 양띠라면 호랑이날이며, 원숭이띠, 쥐띠, 용띠라면 돼지날이 됩니다. 뱀띠, 닭띠, 소띠라면 원숭이날이며, 호랑이띠, 말띠, 개띠라면 뱀날에 돈이 잘 들어옵니다.

돈 나가기 좋은 날

12신살에서 겁살이라는 날이 있습니다. 겁살날은 띠로 논하는데 사주 팔자에 이렇게 놓여 있어도 좋지 않은 것으로 해석하게 됩니다.

시	일주	월	년(띠)
0	신(申)	0	해(亥)묘(卯)미(未)

시	일주	월	년(띠)
0	사(巳)	0	신(申)자(子)진(辰)

시	일주	월	년(띠)
0	해(亥)	0	인(寅)오(午)술(戌)

시	일주	월	년(띠)
0	인(寅)	0	사(巳)유(酉)축(丑)

돼지띠, 토끼띠, 양띠라면 원숭이날,

원숭이띠, 쥐띠, 용띠라면 뱀날,

뱀띠, 닭띠, 소띠라면 호랑이날,

호랑이띠, 말띠, 개띠라면 돼지날에 돈이 잘 나갑니다.

위의 사주팔자 모양이라면 한 번은 돈을 까먹게 됩니다.

사주에서는 육친 중에 겁재라고 있습니다.
겁재날 돈이 잘 나가는데 이것은 사주를 알아야 할 것 같습니다.

갑(甲)일주라면 을(乙)날, 을(乙)일주라면 갑(甲)날,
병(丙)일주라면 정(丁)날, 정(丁)일주라면 병(丙)날,
무(戊)일주라면 기(己)날, 기(己)일주라면 무(戊)날,
경(庚)일주라면 신(辛)날, 신(辛)일주라면 경(庚)날,
임(壬)일주라면 계(癸)날, 계(癸)일주라면 임(壬)날이 겁재날이 됩니다.

오래된 채권을 받아 내려면 해(亥)묘(卯)미(未)날 찾아가는 것이 좋고
아주 오래된 채권은 신(申)자(子)진(辰)날 해결하면 잘 성사됩니다.
법적으로 해결하려면 인(寅)오(午)술(戌)날이 좋고
차압하려면 양인월에 해야 합니다.

머리카락으로 보는 성격

　우리가 관상을 먼저 보지만 머리카락을 먼저 보는 사람도 많습니다. 머리카락으로 알 수 있는 것은 무엇일까요? 머리카락으로 그 사람의 기본 성향을 알 수 있는데 머리카락의 색상은 검을수록 좋습니다. 머리카락이 유난히 윤기가 없다면 혈기가 부족한 사람으로 건강상 쉽게 잔병에 걸릴 수 있습니다. 머리털의 두께에 따라서도 성향을 알 수 있습니다. 머리카락이 가늘고 부드러우면 성격 또한 부드럽고 유합니다. 거절을 못할 수도 있겠죠. 머리카락이 억세면 성격 또한 급하고 억셉니다. 머리카락이 까칠하게 올라왔다면 성격 또한 까칠하고 머리카락이 거칠면 고독하다고도 합니다. 곱슬머리는 성격이 뚜렷하고 고집이 강합니다. 자기 잘난 맛에 살아서인지 구설에 자주 휩싸인다고도 합니다.
　머리스타일도 그 사람의 특성을 나타내는데 머리를 단발로 하면 많은 사람들과 어울리며 하고 싶은 것을 하면서 살겠다는 것입니다. 머리를 길게 하면 사람들과 어울리기보다는 자기만의 세상을 살겠다는 것입니다. 머리카락을 자꾸 만지는 사람은 도리에 어긋나는 행위를 하는 사람이며 불안정을 말합니다. 머리스타일은 관상이나 인상 면에서 기본적으로 단정해야 좋습니다.

머리스타일이 나에게 주는 영향

저 사람은 왜? 저런 머리스타일을 하고 있을까?라는 생각을 해보았나요? 머리스타일로 그 사람의 심리상태를 파악할 수 있습니다. 복이 제일 먼저 닿는 곳이 머리입니다. 나무에 비유하면 뿌리와 같은 것이 사람의 머리카락입니다. 머리카락부터 그 사람의 뿌리가 시작되므로 머리카락만큼 조상의 기운을 받고 있다고 봅니다. 뿌리이니 기본이 되는 것이 머리카락입니다. 먼저 긴 머리카락과 짧은 머리카락에 대해 논해 보겠습니다.

머리카락을 길게 기른다는 것은 이 현실을 자기 뜻대로 하려는 경향이 강하고 현실적인 만족도가 떨어지는 사람입니다. 내 멋대로 하려고 하니 상대방에 대한 배려가 많이 부족하다는 것을 간접적으로 나타내는 것입니다. 여자라면 남자에 대한 만족도가 떨어지며 배우자 덕도 논할 수 없고 솔로입니다. 머리카락이 길면 길수록 자기를 감추고 있는 모습입니다.

머리카락을 단발로 한다는 것은 현 세상을 그래도 알차게 희망을 가지고 바쁘게 열심히 살려는 사람입니다. 솔직히 '머리에 신경을 덜 쓴다'라는 뜻도 되지만 그 정도의 만족감이 내포되어 있습니다.

머리카락을 음양으로 나눈다면 긴 머리는 음이고 짧은 머리는 양으로 봅니다. 머리를 파마했다는 것은 보글보글 볶았으니 화(火)의 기운을 강화하는 것으로 봅니다. 화는 음양으로 나누면 양기(陽氣)인데 파마를 했다는 것은 양기를 원하고 보충하고 싶다는 것을 나타내는 것입니다. 그럼, 여자가 머리를 기른 것은 오행적으로 화(火)와 반대이니 수(水)의 기능으로 봅니다. 여자 자체가 본질적으로 음이라는 기운을 가졌기에 현 상황에 만족하지 못하는 경우에 머리를 기른다고 봅니다.

사실상 머리를 기르는 것은 과학적으로도 좋지 않다고 논합니다. 인체는 한시도 멈추지 않고 성장하기에 두발에도 각종 영양소를 공급하는데 두발이 지나치게 길면 인체가 두부에 공급하는 영양소 중 너무 많은 양이 두발에 흡수되고 뇌로 가는 영양소는 상대적으로 감소하게 되어 시간이 갈수록 뇌의 영양소가 부족하여 어지럽거나 지능발달에 좋지 않다고 합니다. 그리고 머리카락의 기능을 수(水)라고 보아 머리카락이 빠지는 것은 수(水)의 부족으로 봅니다. 머리카락을 잡아주는 기능이 약하다는 겁니다. 머리카락이 많이 빠진다? 그것은 수(水)기의 부족이라고 생각하면 됩니다. 머리띠를 어느 곳에 했는지 머리핀을 어느 곳에 꽂았는지에 따라서도 그 사람의 심리를 알 수 있습니다. 긴 머리든 짧은 머리든 머리띠를 어디에 하느냐에 따라 심리가 바뀌는데 머리띠를 이마 쪽 가까이 했다면 상대를 바라보는 시선이나 짝에게 바라는 마음이 더 집중되었다고 봅니다. 핀의 모양과 색깔도 그 사람이 지향하는 것을 나타냅니다. 만약 노란색 핀을 했다면 노란색처럼 독특한 남자를 원하며 정확한 남자를 좋아한다는 뜻입니다. 노란색으로 새롭게 일을 시작하여 현실에서 벗어나 변화를 하고 싶은 마음을 간접적으로 나타내는 것입니다. 또한 머리를 어느 쪽에 묶었는지를 봐도 심리상태를 짐작할 수 있습니다. 여자 입장에서 이마는 남자나 직업을 나타내는데 이마 가까이 묶었다는 것은 자기는 그럭저럭 상대에 만족하고 꽉 잡혀있다는 것을 나타냅니다. 이마와 멀어져 뒤쪽 머리통으로 갈수록 만족도가 떨어지는데 그래도 묶은 것만으로도 만족도는 좋은 쪽에 해당합니다. 묶은 것만으로도 희망의 끈은 있다고 보는 겁니다. 묶지 않는 것이 문제이겠죠. 묶지 않다는 것은 누구에게도 구속받기 싫다는 뜻입니다.

남자들은 머리스타일이 비슷하지만 귀와 이마를 가리는 것을 부정적으로 봅니다. 귀는 조상님 기운을 나타내는데 귀를 가렸다는 것은 조상 덕이 필요 없다는 것을 간접적으로 나타내는 것으로 타인 말을 듣지 않겠다는 표현입니다. 얼굴에서 움직이지 않는 부위인 코와 귀는 음의 기운으로, 입과 눈은 양의 기운으로 본다면 그것에 먹구름이 낀 것과 같은 것입니다.

이마도 마찬가지입니다. 이마를 가린다는 것은 현실적으로 만족하지 못하고 부모님 상황이 좋지 않다는 것을 간접적으로 나타내는 것입니다. 이마가 잘생겼던 못생겼던 천기(天氣)를 처음으로 받는 이마를 보임으로써 기운을 받는 것이 매우 중요합니다. 운을 받고 싶다면 이마와 귀는 보이게 하는 것이 남녀불문 좋습니다. 어느 순간 마음이 동(動)하여 이마를 보이고 다닌다면 운이 바뀌려는 신호입니다.

모든 사람에게 있어 심신의 변화는 머리스타일에서부터 나온다는 말이 있습니다. 머리핀을 어느 곳에 꽂았는지를 보면 그 사람의 심리를 한층 더 알 수 있습니다. 핀의 모양과 색깔도 그 사람이 지향하는 것을 나타내 줍니다.

개운법 이야기

　운이 좋아지는 방법 가운데 하나입니다. 일이 잘 풀리지 않거나 큰일을 시작할 때는 적선을 한다든지 환기를 한다든지 여러 방법이 있지만 우선 머리를 자주 감아 깨끗이 하고 머리를 단정히 해야 좋습니다. 관상에서는 머리 꼭대기를 하늘로 봅니다. 이마는 하늘의 기운을 처음으로 받는 곳이고 초년운을 나타냅니다. 그래서 이마가 잘생기면 관(명예, 윗사람 덕, 부모덕)이 좋다고 합니다. 하늘의 도움이나 윗사람의 덕을 나타내는 이마와 머리 꼭대기가 지저분하면 하늘의 기운을 받을 수 없습니다. 지붕 꼭대기가 지저분할 때 비가 오면 마치 구정물이 내려오는 것과 같은 이치로 머리가 지저분하다는 것은 하늘에서 내려오는 깨끗한 물을 받지 않겠다는 의미와 같겠죠.

　운이 좋아지는 것이 멀리 있는 것이 아닙니다. 간단한 방법으로도 개운이 됩니다. 일이 풀리지 않거나 정신이 사나울 때 머리를 감고 단정하게 해 보세요. 정신이 개운해진답니다.

강아지를 키우면 도움 되는 띠

　요즘 애완동물에 대한 관심이 많아지면서 강아지를 키우는 사람이 많습니다. 사실 역학적 관점에서 강아지를 키우면 좋은 사람과 키우면 좋지 않은 사람이 있습니다. 고양이를 음의 동물로 본다면 강아지는 양의 동물입니다. 활동성이 적고 조용한 사람은 양적인 강아지가 양기를 보충해 주어 좋습니다. 사주에 물이 필요한 사람도 강아지를 키우면 좋습니다. 강아지는 시간으로 보면 술시(戌時)이니 해를 저물게 만드는 동물이며 어둠을 여는 동물이기에 수기(水氣)가 필요한 사람에게는 강아지를 키우면 좋습니다.

　강아지를 키우면 덕을 볼 수 있는 띠를 보면 뱀띠, 닭띠, 소띠는 강아지를 키우면 좋습니다. 뱀띠, 닭띠, 소띠는 대체로 개띠인 사람을 편안하게 느끼는데 뱀띠, 닭띠, 소띠 측면에서 보면 개띠는 '반안살'이라고 하여 말안장처럼 편안하고 수고스러움을 덜어주는 띠이기 때문입니다. 강아지를 키우면 왠지 모를 편안함을 느끼게 됩니다. 그래서 뱀띠와 소띠와 닭띠들은 내가 힘들 때 기대고 싶은 동물인 강아지를 키우면 좋습니다. 그리고 개띠를 가리키는 빨간색이 좋고, 잠을 잘 때도 빨간색 이불을 덮고 자면 편하게 잘 수 있습니다.

호랑이띠, 말띠, 개띠는 강아지를 키우면 어떨까요? 자기와 동급으로 장군과 같은 띠입니다. 같은 동급이라 친구 같은 존재로 느껴질 수도 있지만, 옆에 장군이 있으니 피곤한 존재가 됩니다. 경쟁 상대의 장군을 키우니 일이 잘 풀리지 않는다고 봅니다. 호랑이띠, 말띠, 개띠는 남쪽이 막혀야 좋고 빨간색이 좋지 않습니다.

돼지띠, 토끼띠, 양띠는 강아지를 키우면 어떨까요? 감당하기 벅찬 존재로 보면 됩니다. 돼지띠, 토끼띠, 양띠는 강아지를 키우면 매우 불리하여 일이 잘 풀리지 않고 잡생각이 많아지며 타인과의 소통도 잘 안됩니다. 부모님을 돌보듯 모신다고 생각하면 그나마 좋을 듯하지만 감당할 수 있는 동물이 아닙니다. 하는 일에 지체가 있다면 애완동물인 강아지를 키우지 않는 것이 좋을 듯합니다. 개띠들과의 인간관계를 생각해 보면 아실 겁니다.

원숭이띠, 쥐띠, 용띠는 강아지를 키우면 어떨까요? 방향성이 정반대의 성분입니다. 강아지가 말을 잘 듣지 않을 수 있습니다. 그래도 나와 반대 기운이기에 나의 부족한 부분을 채워 줄 수 있을 것입니다. 만약 내 팔자에 필요한 기운이 개술(戌)이라면 기르면 좋고 팔자에 나를 극하는 기운이 개라면 기르지 않는 것이 좋습니다. 강아지를 키우면 좋은 띠와 강아지를 키우면 버거운 띠를 논해 보았습니다.

미신 이야기

우리가 미신 미신 하는데 미신에 대해 좀 자세히 알아보겠습니다.

한국에서 '미신'이라는 말은 언제부터 쓰였을까요? 서구적 의미로 '종교'라는 말이 먼저 만들어지고 여기에 포함되지 못한 나머지 것과 과학에도 포함될 수 없는 것을 미신이라 정의한 듯합니다.

흥선군 때에는 나라의 대문을 닫아 외국 문화를 받아들이지 않았습니다. 그러나 흥선군이 권력을 잃자 외국 문화들이 끊임없이 들어왔고 조선이 망한 후 일본의 지배를 받을 때는 일본이 1915년 이른바 '공인종교'의 범위를 불교, 기독교, 천주교로만 한정했다고 합니다. 무속을 포함한 60여 개의 종교는 미신적인 종교, '유사 종교단체'로 분류되어 경찰의 단속을 받아야 했다고 합니다. 이런 시기를 거치면서 역학, 풍수, 명리학도 무속과 같이 미신화 되어 함께 배척된 듯합니다.

점술에는 두 가지가 있습니다. 영적인 기운으로 술을 논하는 무속인의 '신점'과 학으로 점을 논하는 학술인의 '점학'이 있습니다. 대표적인 것으로 육효, 육임, 주역 등입니다. 점을 친다는 맥락은 같지만 역을 공부해서 점을 치는 것이 점학입니다. 신점과 점학은 전혀 틀리지만 신의 답을 전달하는 매개체로서의 역할은 같습니다.

복날 이야기

초복은 미(未)달인 7월에 있습니다. 미(未)라는 양은 더운 곳이나 지대가 가장 높은 곳에서 사는 동물입니다. 그래서 팔자에 양을 가지고 있으면 양의 특성처럼 높은 곳에 사는 경우가 많습니다. 언덕이나 아파트에 살아도 고층에서 삽니다.

미달은 여름이 절정에 오른 계절로 열기가 가장 왕성한 시기입니다. 자체가 가장 열기가 심해 만물이 축 늘어져 있는 상태로 미달을 미정의 단계라고 하며 군대에서는 오침(午寢)을 하는 시기입니다.

미달은 모든 만물이 숙성하는 계절입니다. 절기상 하지에서 3번째 들어오는 경(庚)(갑을병정무기경신임계)날이 초복, 4번째 경(庚)날이 중복, 그리고 입추 후 첫 번째 경(庚)날이 말복입니다. 그래서 초복, 중복, 말복을 삼경일(三庚日)이라고도 합니다. '삼복더위'는 1년중 가장 더운 시기, 양기에 눌려 아직은 음기인 경(庚)이 뜻을 피지 못하는 시기로 초복, 중복, 말복이 이 기간이라고 생각하면 됩니다.

오행상 여름은 화(火)라고 한다면 가을은 금(金)을 가리킵니다. 화(火)의 기운에 눌려 금(金)의 기운은 아직 세상에 뜻을 펼칠 수 없는 시기로 '여름에 복종한다'해서 복종할 복(伏)을 썼다고 합니다. 복(伏)자가 사람과 개를 붙여 놓아서인지 복날은 개와 관련이 많습니다. 동의보감에서도 긍정적으로 써놓은 것을 보면 개고기와 밀접한 관계가 있었던 것 같습니다. 아마 가난하고 못살아서 그런 것 같습니다.

역학을 공부한 분들은 알겠지만 술이라는 개는 어두울 때도 멍멍 짖는 귀신을 보는 유일한 동물입니다. 또한 개가 앉아 있는 모습이 마치 스님이 기도하는 모습과 같아 사주에 개 술(戌)자를 가지고 있으면 종교와 인연이 깊다고 합니다.

술시는 태양이 저물어 가는 시간이라 '이 문명의 소중함을 개는 알고 있다'입니다. 조상의 기운을 가지고 있고 신과 연결된 동물이 개입니다. 고로 개고기를 먹으면 '조상의 덕을 받지 않겠다'라고 봐도 무방합니다.

대운

 대운(大運)이라고 해서 대운 만났다고 이야기 하는데 '좋다'는 뜻이 아닙니다. 큰 대(大)를 써서 '길게 간다'라는 뜻으로 큰 기운이 들어온다는 뜻입니다.

 큰 기운이란 자주 느끼는 기운이 아니고 색다르게 느낄 수 있으며 감당이 안 될 수도 있는 기운을 말합니다. 봄, 여름, 가을, 겨울이라는 계절의 기운은 매년 오니 변화의 기운을 느낄 수 있지만 큰 변화인 대운의 기운은 개개인이 느끼고 감당하기 버거울 수 있습니다. 이런 큰 변화의 기운을 알 수 있는 방법이 있을까요?

 첫째, 자의든 타의든 환경이 크게 바뀌게 됩니다.
이직이나 이민 등 어쩔 수 없이 바뀌는 환경을 나타냅니다. 부도가 났어도 이사를 하지 않았다면 아직 끝난 것이 아닙니다. 무조건 큰 환경의 변화가 있어야 운의 변화가 있는 것으로 봅니다.

 둘째, 인간관계의 변화가 있게 됩니다.
오래 알고 지내던 관계가 깨져버리게 됩니다. 새로운 환경, 새로운 사람들과 인간관계가 만들어집니다. 저 같은 경우 일반업에서 이쪽 길로 들어와 완전히 바뀌는데 5년 정도 걸린 듯합니다. 손님 포함해서 그런 것 같습니다.

  이런 환경이 열린다면 큰 흐름의 기운이 들어온 것입니다. 그러나 큰 운이 들어왔다는 것이지 꼭 좋아진다는 뜻이 아닙니다. 좋아질 수도 있고 안 좋아질 수도 있는 것입니다. 10년이라는 큰 변화의 계절이니 꽃샘추위는 반드시 있습니다. 감기에 안 걸리게 조심하셔야 합니다.

나는 운이 좋은 사람?
운이 좋아지고 있는 사람?

　운이 좋다는 것은 쉽게 알 수 있습니다.
　첫째, 매사가 긍정적이고 아주 작은 것에도 감사하게 되며 새로운 시야가 열려 있다면 당신은 운이 좋은 사람이고 운이 좋아질 것입니다. 매사가 긍정적이라면 자신감이 생기고 사고가 긍정적으로 바뀝니다. 좋은 운에는 절대 부정적인 생각이 들지 않습니다. 긍정적인 마인드로 세상을 바라보고 있다면 운이 좋은 사람이고 운이 좋아지고 있다는 증거입니다.
　둘째, 나쁜 습관을 없애고 좋은 습관을 가지려 노력한다면 성격과 말투가 바뀝니다. 어느 순간 성격과 말투가 긍정적으로 바뀌는 시기가 있는데 지금이 그렇다면 당신은 운이 좋은 사람이고 운이 좋아질 것입니다.
　셋째, 마음의 여유가 생기는 시기입니다. 잔걱정이 사라지고 마음의 여유가 생긴다는 것은 운이 좋아지고 있다는 증거입니다. 마음의 여유가 생기면 얼굴색이 좋아지고 표정이 밝아집니다. 얼굴 표정과 얼굴색은 습관에 의해 좌지우지됩니다. 얼굴색과 피부가 좋아진다는 것은 운이 좋아지고 있다는 증거입니다.

생각이 현실로?

　모든 물질은 원자로 이루어져 있습니다. 내가 원하는 것이 있다면 원하는 것이 원자로 모이게 됩니다. 그래서 내가 원하는 것이 무엇인지 정확하게 알아야 합니다. 알아야 모을 수 있기 때문입니다.

　내가 원하는 것을 생각하고 상상해 보세요. 구체적으로 생각해야 물질이 됩니다. 생각을 하면 뇌에서 신경 전달 물질이 나오게 되어 물질을 만들 수 있게 됩니다. 이것들을 우리는 공명(共鳴)이라고 합니다. 내가 원하는 것에 집중하면 내가 원하는 것과 같은 에너지의 파장을 얻게 됩니다. 작은 행동을 과소평가하지 말고 매일매일 수행하는 마음으로 정성껏 해야 합니다. 그러면 점점 쌓이게 됩니다. 조급해하지 말고 느긋하게 변하는 나를 관찰하면 됩니다.

　부정적인 마인드는 부정적인 원자가 모이게 되니 부정적인 일만 생기고 그런 사람들만 끌어들이니 좋은 생각, 좋은 마인드로 원하는 원자를 모으면 좋을 듯합니다.

사람의 입과 현관

    분위기 전환이나 기분 전환을 하려고 한다면 각자마다 해소하는 방법이 다르겠지만 좋은 쪽으로 좋은 기운을 받고 싶다면 이 방법을 이용해 보길 바랍니다.

    현관부터 깨끗하게 정리해 보세요. 양택풍수에서 현관은 좌향에서 향(向)을 가리키는 중요한 곳입니다. 산 사람들의 공간인 양택풍수는 천기(天氣)가 중요하니 향이 중요합니다. 죽은 사람을 논하는 음택풍수는 용맥이 어디서 내려왔는지가 중요하니 좌(坐)가 중요합니다.

    풍수에서 현관은 사람의 입에 비유합니다. 음식을 입에 넣듯 기(氣)는 모두 현관에서 들어오기 때문에 좋은 기운 또한 현관이 가장 중요한 '키 포인트'가 됩니다.

    관상에서도 입으로 여러 가지를 논하는데 행동 성향에서 입을 벌리고 있으면 김이 샌다, 김 빠졌다? 라고 합니다. 입가가 늘어져 있어도 불만족한 상황이나 주변 상황이 좋지 않다는 것을 의미하고 불만이 많다는 것을 의미합니다. 야무지게 다문 입에 미소 띠는 입 모양은 입꼬리가 올라가서 복을 받을 준비가 된 것이고 복이 찾아와도 바로 취할 수 있습니다.

    사람이 코와 입을 통해 공기와 음식을 섭취하듯 현관은 바람과 땅의 기운을 받아들입니다. 깨끗한 현관 정리야말로 좋은 기운으로 분위기를 바꾸거나 기분 전환하는 가장 좋은 방법이 됩니다.

또한 평상시에 많이 웃고 입을 모으는 연습을 한다면 좋을 듯합니다.

아홉수 이야기

아홉수라고 들어 보셨죠? 아홉수 때는 재수없다는 속설이 있는데 명리학적으로 근거가 있는 걸까요?

9세, 19세, 29세, 39세 등 아홉수가 재수 없다는 속설은 명리학적 근거는 없습니다. 아홉수에 실제 재수가 없었다고 생각된다면 그건 아홉수가 아닌 다른 이유에서 찾아야 할 듯합니다.

'아홉수를 너무 사랑하는 당신의 믿음이 불러온 불행'이라고 보아도 됩니다. 완전을 의미하는 수를 십(十)이라고 한다면 완전 전의 상태는 9라는 숫자입니다. 이 불완전을 뜻하는 수가 '아홉'인데 이것이 와전되어 나이의 아홉이란 숫자도 불길한 나이처럼 잘못 알려진 것 같습니다.

그럼, 삼재는 믿어도 되나요? 삼재는 태어난 띠를 가지고 언제부터 언제까지 3년간은 조심하라고 하는데 명리학적 근거가 아예 없는 것은 아닙니다. 년지(年支)의 작용력만 단식으로 보는 것이기에 그 작용력이 미미하더라도 명리학적 근거가 있습니다.

예전에는 사농공상(士農工商)만 있던 시대라 사람들의 삶이 단순 반복성이었다면 다양한 직업군으로 살아가는 복잡한 현대 사회와는 사실상 차이가 있습니다. 그래도 삼재란 사주의 신살적 단식 판단이라도 어느 정도

적중률은 있다고 봐도 될 듯합니다.

　결론은 아홉수 논리는 명리학적 근거가 없지만 삼재 논리는 명리학적 근거가 있다고 봅니다. 2000년대에 들어와서 인간에게 바이오리듬이 있다는 것이 밝혀졌습니다. 봄,여름,가을,겨울이 지나가듯 인간도 일정한 주기로 리듬을 탑니다.

귀신이 곡할 노릇

살다보면 귀신이 곡할 노릇이라는 말을 많이 합니다. 정신이 나갔지? 정신 나간 짓? 신들린 듯이 연기를 하거나 무언가 빠져들어 그것에만 몰입하는 것을 가리킵니다. 술만 먹으면 또라이가 되거나 미친 사람처럼 보이는 경우, 기묘한 행동이나 독특한 복장을 좋아하는 사람 역시 비슷한 경향입니다.

일반인이 보기에 정신 나간 행동을 즐겨하거나 입버릇처럼 죽고 싶다고 이야기하는 사람도 또한 마찬가지입니다.

시	일주	월	년(띠)
O	자(子)	O	유(酉)

시	일주	월	년(띠)
O	축(丑)	O	오(午)

시	일주	월	년(띠)
O	인(寅)	O	미(未)

시	일주	월	년(띠)
O	묘(卯)	O	신(申)

시	일주	월	년(띠)
0	진(辰)	0	해(亥)

시	일주	월	년(띠)
0	사(巳)	0	술(戌)

한 해를 보내면서 올해는 정말 미치는지 알았어요. 올해 만난 사람들이 나를 미치게 만드네요. 이런 표현들처럼 미친다는 것은 명리적인 용어로 '귀문관살'이라고 합니다. 귀문(鬼門)이란 귀신이 문 앞에 와있다는 뜻입니다. 귀문관살(鬼門關殺)은 '자·축·인·묘·진·사·오·미·신·유·술·해'라는 12동물 중 두 마리를 합쳐서 만듭니다. 쥐띠가 유(酉)월에 태어났다든지 소띠가 오(午)월에 태어났다든지 자신의 사주에 자유(子酉)/축오(丑午)/인미(寅未)/묘신(卯申)/진해(辰亥)/사술(巳戌)의 두 글자가 있는 경우를 말합니다. 이런 글자가 팔자에 있다면 귀문관살이 있는 것입니다. 좋게 표현하고 잘 쓰면 집중력 있는 사람으로 그 귀문살로 세계 1등이 될 수 있고 한 분야에 프로가 될 수 있는 별입니다. 그러나 좋지 않게 잘못 쓰면 신기, 똘끼, 중독성, 신경과민으로 나타나고 마약중독, 게임중독, 섹스중독도 여기에 해당됩니다. 마치 귀신에 홀린 듯 반복하게 되는 겁니다. 귀문관살은 운이나 팔자에서 일반인들이 가장 힘들어 하고 버거워하는 살입니다. 잘 쓰면 큰 인물이 되기도 하지만 잘못 쓰면 미친놈이 되는 재미있는 신살입니다. 요즘 같은 21세기에는 이런 미쳐 버리는 성질이 있어야 남들보다 잘살 수 있는 잘나가는 기운으로 해석하기도 합니다.

혼(魂)과 백(魄)

　사전을 찾아보면 혼(魂)과 백(魄)을 둘 다 넋이라고 풀이된 곳이 많습니다. 그러나 우리말로 혼은 얼이고, 백은 넋이라고 합니다. 얼은 정신이며 넋은 감정, 감각입니다.

　얼은 밝은 정신으로 양(+)적 에너지이고, 넋은 감정과 감각으로 음(-)적 에너지로 마음이라고 할 수 있으며 성품이 됩니다. 원래 마음은 거울과 같아 그 자체의 형상이 없습니다.

　얼은 조상의 얼을 오늘에 되살려, 얼차려, 얼빠진 놈, 얼이 깃든 얼굴 등으로 표현하고 넋은 넋두리, 넋을 기리다 등으로 표현합니다. 넋을 기린다는 말에서 알 수 있듯이 흔히 무속에서 말하는 천도가 필요한 영적 에너지는 모두 이 넋의 에너지를 말하는 것으로 제사상을 받는 조상들도 이와 같습니다.

　혼백이란 사람이 살아있는 동안에는 몸의 구심점 역할을 하지만 몸의 수명을 다하면 혼과 백이 각각 본연의 모습으로 돌아갑니다. 혼비백산(魂飛魄散)이라고 하죠. 왜 혼은 날아가고 백은 흩어진다고 표현했을까요? 혼(얼)의 성질은 그 밀도가 가벼워 중력의 영향을 받지 않기 때문이며 백은 그 근거가 땅이기에 땅으로 흩어지기 때문입니다.

모든 사람은 혼과 백을 가지고 살아갑니다. 살아있을 때 어느 쪽이 주도권을 가지느냐에 따라서 곧은 성격이 될 수 있고 모난 성격이 될 수 있습니다. 때론 그 주인이 중심을 잃고 유사한 에너지와 접속하여 소위 말하는 신들림, 빙의 증상을 일으키게 됩니다.

혼으로 하여금 백의 역할을 잘 쓸 수 있도록 하는 것이 곧, 명상이며 마음공부입니다. 다시 말해서 명상과 마음공부를 통하여 혼은 몸체가 되고 백은 쓰임새가 되어 중심을 잡는 주인이 되시기를 바랍니다.

밤에 손톱, 발톱

손톱을 밤에 깎으면 안 된다는 속설이 있는데 이는 쥐가 밤에 버려진 손톱을 먹고 그 사람이 되어 진짜 사람을 내쫓고 주인 행세를 한다는 속설 때문입니다. 일반적으로 밤에 손톱을 깎게 되면 보이지 않는 곳으로 튈 수 있고 손톱도 몸의 일부라 생각하는 유교사상 때문일 수도 있습니다.

음양오행 측면에서 보면 사람의 몸에는 양기와 음기가 존재합니다. 양기와 음기 둘 중에 한 개가 완전히 소멸될 때 사람은 죽는다고 합니다. 양기는 낮에 가장 많고 음기는 밤에 가장 많이 존재하는데 낮에 왕성한 양기가 밤이 되면 줄어들고 다음 날 낮이 되면 또다시 생겨나게 됩니다.

밤이 되면 몸의 정기가 말단으로 몰리게 되는데 손발 끝에 기운이 퍼져 있는 상태에서 그것을 잘라내면 몸의 기운이 잘려지는 격이 되니 좋지 않다고 여긴 것입니다. 즉, 밤에 손톱을 깎으면 사람 몸 안에 모여진 음기를 없애는 것과 같습니다. 그래서 밤에 손톱을 깎으면 좋지 않다는 겁니다. 머리카락도 웬만하면 밤에 잘 안 자르죠. 밤에 사람의 몸에서 뭔가를 잘라 낸다는 것은 음기가 빠져나가는 것으로 보기 때문입니다.

색상별 의미

색상으로 본인이 끌리는 색이 어떤 의미가 있는지 어떤 기운이 있는지를 알 수 있습니다. 집안의 색상도 의미가 있고 자동차의 색상도 의미가 있습니다. 본인에게 맞는 색, 끌리는 색, 도움되는 색이 있는데 보편적인 색상별 색의 의미를 알아보려 합니다. 지금 내가 즐겨찾는 색이 지금의 기운이라고 보면 됩니다.

황색과 노란색은 황금과 벼를 상징하므로 금전운을 부르는 색입니다. 풍수에 관심이 많아서 인지 중국과 대만에서는 황색을 자주 볼 수 있습니다.

초록색은 과일과 채소가 열매를 맺은 모습이고 아침과 봄의 기운을 나타내는 의욕적인 색으로 안정과 건강과 부를 상징합니다.

빨간색은 피와 심장을 상징하므로 열정과 활력을 뜻합니다. 또한 대인관계를 나타내는 색으로 연애나 사교성에 좋습니다.

갈색은 흙과 같은 색상으로 식물을 키우는 모습이니 독립하고 싶은 사람에게 좋습니다.

파란색과 감색은 생물을 자라게 하고 시원함을 상징합니다. 정신적으로 안정을 원하는 사람에게 좋습니다.

하얀색은 어떤 색으로도 물들 수 있습니다. 자기주장이 뚜렷하고 있는 그대로의 자신을 솔직히 표현하는 색입니다. 나이트를 갔을 때 하얀색 옷을 입은 사람은 확고한 신념이 있는 사람으로 가장 꼬시기 힘든 사람일 것입니다.

검은색은 어두움을 상징합니다. 자신의 정체를 숨기고 남의 눈에 띄고 싶지 않을 때 좋습니다. 그래서 검은색을 좋아하는 사람은 일반적으로 자신의 본성을 숨기고 겉모양은 그럴듯하게 갖추고 싶어 합니다.

회색은 흰색과 검은색을 반절씩 혼합한 색으로 자신을 있는 그대로 솔직히 보여주고 싶으면서도 한편으로는 숨기고 싶어 하는 이중성을 가지고 있습니다. 한마디로 어중간한 색입니다. 자기주장 없이 시키는 일만 하려고 합니다.

베이지색은 사람과 장소를 가리지 않고 어떤 상황에서도 어울리는 색입니다. 심리적인 안정감을 주면서 사교적인 색입니다.

핑크색은 빨간색과는 약간 다른 수줍음이 있습니다. 낭만, 열정, 요염을 상징하고 연인을 갖고 싶은 사람이나 연애하고 싶은 사람에게 좋습니다.

자주색은 연꽃 같은 색으로 종교적인 고귀함을 상징합니다. 모든 여건이 갖추어진 상태에서는 길하게 작용하지만 그렇지 않을 경우에는 타인과의 불협화음으로 인한 흉작용이 강한 색입니다.

가로줄과 세로줄도 의미가 있습니다. 가로줄은 음을 가리키고 세로줄은 양을 가리킵니다. 음(陰)적인 사람은 세로 벽지가 좋고, 양(陽)적인 사람에게는 가로 벽지가 좋습니다. 음(陰)적인 사람은 조용한 사람, 소극적인 사람을 말합니다. 양적인 사람은 활동적인 사람, 명랑한 사람을 가리킵니다.

부자들은 수목화(水木火) 기운을 쓴다.

부자의 특징을 보면 역학에서 말하는 오행의 상생 원리를 그대로 따르고 있는 것을 자주 보게 됩니다.

첫째, 큰 부자는 겨울(水) 12월에서 1월에 많이 태어났습니다. 한국 부자들 10명당 4명 정도가 겨울에 태어났다고 합니다. 역학에서 겨울은 오행상 수(水)를 상징하는데 수는 저장, 안정을 나타냅니다. 수의 기운을 가지고 태어난 겨울생은 신중하고 차분한 기운으로 봄을 위한 에너지를 저장하듯 준비를 철저히 하므로 봄이 되면 대발(大發)하게 됩니다. 그러나 그 기운을 잘못 쓰면 더 춥고 외롭다고 생각이 들 것입니다. 하여튼 부자는 겨울생이 많습니다.

둘째, 부자는 웃는 얼굴이 많다고 합니다. 부자의 얼굴은 돈이 새지 않도록 인중과 법령 라인이 뚜렷합니다. 인중과 법령 라인이 뚜렷하면 자연스럽게 웃는 얼굴이 됩니다. 자주 웃다 보면 입술 양옆 부분이 풍부해지게 마련이고 입꼬리가 올라가야 하늘에서 내려오는 기운을 받을 수 있다고 하겠죠?

하정 부분인 턱에 해당하는 부위는 방향으로 해(亥), 자(子), 축(丑)에 해당하는데 관상학적으로도 오행의 수(水)에 해당하는 궁이 됩니다. 실제로 턱

II. 역학 상식 이야기 | 133

밑 부분이 풍만한 사람이 말년에 부자로 사는 경우가 많습니다. 오행에서 수(水)기의 중요성을 다시금 상기시키는 부분입니다.

셋째, 부자는 아침형 인간이 많습니다. 성공한 사람이나 부자는 대개 새벽에 일찍 일어납니다. 성공한 사람 80%가 아침형 인간이라는 통계도 나와 있습니다. 새벽 시간이란 인시(寅時), 묘시(卯時)를 가리키는데 오행상 목(木)에 해당합니다. 오행상 목은 시작, 출발, 상승의 의미가 있습니다.

아침에 목(木)기운을 받고 긍정의 힘인 목(木)기운을 발판삼아 하루를 시작하는 사람은 힘찬 기운을 받고 삶을 살아가게 됩니다. 사주에서 목(木)기운을 가장 긍정적으로 잘 쓰는 사람이죠? 부자나 성공한 사람들은 인(寅)시에 일어나서 활동한다고 합니다.

넷째, 부자는 대인 관계가 원만합니다. 사람은 혼자 살아갈 수 없습니다. 부자는 부의 원천인 전문가와 가깝게 지냅니다. 전문가의 정보를 최대한 활용하는 것은 오행상 화(火)에 해당합니다. 화(火)는 대인 관계를 가리키고 화려한 공간도 되지만 잘나가는 사람, 유명한 사람도 됩니다.

이렇게 부자는 음양오행에서 말하는 수(水)·목(木)·화(火)라는 기운을 잘 활용하고 긍정적으로 씁니다. 일반인들은 오로지 금(金)만 추구하는데 말이죠.

겨울에 씨앗이 땅에 웅크리고 있다가 봄에 새싹이 돋고 여름이 다가오면 활짝 꽃이 피듯 부자는 철저히 준비하여 부지런히 움직이고 정열과 대인 관계 속에서 성장을 계속하는 듯 합니다.

생기를 받는 방법

하루 중 아침은 기운이 시작되는 것으로 보아 아침은 생기(生氣)가 시작되는 시간입니다. 아침에 일어나 가장 먼저 눈에 띄는 것, 먹는 것, 말하는 것 등이 하루의 기운을 결정짓습니다. 아침에 짜증을 내면 하루 종일 짜증이 나는 것을 많이 경험했을 겁니다.

풍수에서도 남향집을 선호하고 동향집을 좋다고 이야기하는 것도 생기(生氣) 때문일 겁니다. 아침에 창문을 열어 공기를 환기시키는 것은 생기를 받고 좋은 기운을 받기 위한 방법입니다.

아침 공기를 마시면 정체된 기를 깨끗이 정화시키고 밝고 긍정적인 좋은 기운으로 바꿔준다고 합니다.

일어나자마자 물 한 컵 마시는 것도 좋습니다. 물은 몸에 남아 있던 나쁜 기를 빠져나가게 도와주고 전날의 독을 배출하여 좋은 기운으로 몸을 바꿔줍니다. 그래서 묘시(卯時)에는 화장실에 가서 독소를 빼내 듯 대소변을 보는 것이 좋습니다.

아침을 활기차게 시작하고 좋은 기운을 받기 위해 목소리는 크게 내고 미소를 지으면 좋습니다.

또한 칭찬을 하면 행운이 오는데 칭찬은 자신을 둘러싼 좋은 기운을 불러들입니다. 아침에 자신을 스스로 칭찬해 주세요. 사랑받는 사람이구나! 오늘 좋은 일이 생길 것이다! 등 자기 최면을 걸고 자기와 대화해 보는 것도 좋습니다.

생기가 시작되는 아침을 잘 열어서 좋은 기운을 많이 받으시길 바랍니다.

선생님과 사장님

세상에서 가장 어려운 일이 두 가지가 있다고 합니다. 자기의 생각을 남의 머리에 넣는 것과 남의 돈을 자기의 주머니에 넣는 것입니다.

자기 생각을 남의 머리에 넣는 것을 잘하는 분을 선생님이라고 하죠? 선생님의 원뜻은 가르치는 분이지만 선행, 먼저 배운 분이라는 뜻도 있습니다. 사주에서는 십신 중 인성을 쓰는 분이 됩니다. 남의 돈을 자기 주머니에 넣는 것을 잘하는 분을 사장님이라고 합니다. 선생님과 사장님의 차이점을 보면 선생님은 절대 돈을 벌 수 없고 사장(社長)님의 사와 사기(詐欺)꾼의 사는 다르지만 같습니다.

사주에서는 부(富)와 귀(貴)를 나누는 중요한 척도가 각각 있습니다. 모든 사람은 부와 귀를 얻고자 하는데 선생님은 귀함을 가리키고 사장님은 부함을 가리키는 것 같습니다. 이왕이면 사장님인데 존경받는 사장님이 된다면 두 마리 토끼를 잡는 것이라고 생각됩니다. 이 세상에는 두 마리 토끼를 잡으려는 분들이 많은데 그만큼 열심히 잘 살아야겠죠? 사실 선생님이나 사장님이나 쉽게 들을 수 있는 말이지만 진정으로 인정받는 선생님과 사장님이 되기는 정말 힘든 것과 같습니다.

여자는 봄을 타고 남자는 가을을 타는 이유

여자는 봄을 타고 남자는 가을을 탄다고 합니다. 남자와 여자가 외롭거나 쓸쓸함을 느낄 때를 한번 논해 보겠습니다. 대부분의 남자는 가을이 되면 외롭거나 쓸쓸하다는 생각을 무의식적으로 합니다. 반면 여자는 봄이 되면 외롭거나 쓸쓸하다고 생각하고 마음 한편이 비어있다고 여깁니다. 왜 남자는 가을을 타고 여자는 봄을 탈까요?

그것은 남자, 여자의 다른 음양(陰陽) 속성 때문입니다. 무극에서 음양이 나뉘는데 남자는 양의 기운이고 여자는 음의 기운입니다. 남자는 양의 기운을 가졌기에 가을이라는 결실과 수렴의 계절인 음기를 만나면 짝에 대해 갈망합니다. 가을에 짝을 그리워하는 것은 짝이 있는 분들은 현재의 짝에 대해 불만족이 생기게 되며 짝이 없는 분들은 짝을 그리워하게 됩니다. 반대로 여자는 음이라는 속성 때문에 봄에 꽃들이 피는 양의 기운을 만나면 음양이 짝을 만나는 것처럼 짝을 짓고 싶어 합니다. 짝이 없는 분은 만족감이 떨어지고 뒤숭숭하겠죠? 남자는 양이기에 봄이라는 양의 기운을 만나도 그리 크게 반응하지 않지만 가을이 되면 음양을 채우고 싶어 합니다. 반면에 여자는 음의 성질이기에 양의 기운인 봄에 크게 반응한답니다.

여자와 남자의 공통점

남녀의 집합 모드를 한번 볼까요?

여자들이 많은 공간에 남자를 한 명만 놔두면 어떻게 될까요? 그 남자는 양의 기운이지만 음의 기운에 포함되어 남자 한 명은 음의 속성으로 바뀌게 됩니다. 그래서 엄청 쑥스러워합니다. 활달한 남자도 여성화되어 조용해집니다. 양기가 음기를 만나 음기화되는 것을 말합니다.

남자들이 많은 공간에 여자를 한 명만 놔두면 어떻게 될까요? 그 여자는 수줍어하기보다는 활발해집니다. 남자들의 양의 기운을 받아서 음의 기운이 없어지기 때문입니다. 공대에 다니는 여학생이나 유아교육에 다니는 남학생을 생각하면 될 듯합니다.

이것을 다른 각도로 보면, 요리하면 여자들이 생각나는데 유난히 남자 요리사가 더 유명하고, 미용도 대부분이 여자가 많은데 세상에 이름있는 미용사는 남자입니다. 역학도 그렇습니다. 역학에 관심이 많은 것은 여자인데 유명한 분들은 전부 남자분들입니다.

말과 행동

'말은 마음의 소리요, 행동은 마음의 자취'라고 합니다. 제가 좋아하는 말입니다. 옛 선조들의 말씀에는 과학적인 근거가 있다고 생각합니다.

'나는 사랑받는 사람이다', '나는 운이 좋은 사람이다'라고 수시로 중얼거려 보세요. 출퇴근을 하면서도 집에서 설거지나 청소를 하면서도 수시로 해 보길 바랍니다. 긍정적인 말을 많이 하면 좋은 기운을 끌어당긴다고 하는 끌어당김의 법칙이 있습니다. 무슨 말이든지 1000번 이상을 하면 그렇게 된다고 합니다.

좋지 않은 말과 부정적인 말을 달고 살면 당연히 불운을 불러오겠죠? 감사를 하면 감사할 일이 생기는 것과 같은 원리입니다.

플라세보(Placebo) 효과라고도 하는데 유래를 검색해보면 '내가 기쁘게 해 주지'라는 뜻을 가진 라틴어인데 우리말로 바꾸면 '위약(僞藥)', 즉 가짜 약이라고 합니다. 아무 효과도 없는 약을 먹었음에도 병세가 호전되는 것을 말합니다.

역학에서 이야기하는 말과 행동

 사주라는 것이 팔자만 보는 학문이 아닙니다. 실생활에 적용하면 수많은 논리가 나올 수 있습니다. 사주에는 비겁, 식상, 재성, 관성, 인성이라는 별이 있는데 이를 십성이라고 합니다. 말이나 대화는 명리에서 식상에 해당합니다. 식신(食神)과 상관(傷官)을 합쳐 식상이라고 합니다. 식신은 내가 생각한 대로 말하는 것으로 바른 말이라고 한다면 상관은 내가 생각한 것과 다르게 말하는 것으로 직설적인 말투라고 합니다. 선생님도 재미있게 가르치는 분이 있고 재미없게 가르치는 분이 있는데 식신을 쓰는 선생님은 바르게 강의하는 분이고 상관을 쓰는 선생님은 재미있게 강의하는 분입니다. 유명한 강사분들이 TV강의하는 것 보셨죠? 그 분들은 전부 상관을 쓰는 분들입니다.

 말을 잘하면 돈이 생긴다는 말이 있죠? 식상이라는 별은 재성과 연결되어 있습니다. 재성이 돈과 여자를 상징하기에 말을 잘하면 돈도 들어오고 여자도 들어오게 됩니다.

 식상이라는 별은 재능을 상징하는데 재능과 기술이 있어야 돈을 수월하게 벌 수 있겠죠. 식상과 재성이 같이 연결되어 있다는 것은 명리에서는 목생화(木生火)처럼 자석같이 쉽게 쓸 수 있는 도구가 되는 것입니다. 목극토(木克土)처럼 한 칸 떨어진 것은 쉽게 활용하지 못하고 얻기에도 번거로움이 따릅니다. 나를 기준으로 돈이라는 재성은 식(食)재(財)관(官)인(印)비(比)라는 십성에서 두 번째이니 두 칸 떨어진 것입니다. 그래서 쉽게 돈을 벌 수 없고 여자 다루기가 쉽지 않은 것입니다. 말과 언행도 그렇습니다. 인성이라는 별이 옆에 있으면 생각하고 말하는 사람으로 현명한 사람이 되는 것이고, 생각 없이 말하는 사람은 반대편 기운인 두 칸 떨어져 있는 기운을 좋게 활용하지 못하는 분입니다.

항상 우리는 반대편, 두 칸 떨어진 기운의 인자를 잘 사용해야 합니다. 가까이에 있는 것은 누구나 쉽게 쓸 수 있습니다. 평범한 사람은 눈에 보이는 것, 바로 앞 글자만 보고 세상을 살아가고 지혜로운 사람은 눈에 보이지 않는 것, 두 칸 건너의 글자를 활용하려 합니다. 관성의 간섭은 사회적인 룰과 규칙이니 배려하는 것입니다. 남을 배려하면 식상이 바로 재성으로 인해 돈으로 연결됩니다. 비겁은 나를 가리키는데 나만을 생각해서 하는 말은 식상과 붙어있기에 쉽게 뱉어지는 말입니다.

남녀가 자식을 바라보는 마음도 다릅니다. 여자에게 식상은 자식을 가리킵니다. 식상은 재성과 붙어있기에 자식에게 잘하면 돈이 된다는 생각이 들어 자식에게 잘합니다. 남자에게 관성은 자식, 재성은 부인을 가리킵니다. 남자가 돈 벌어 가져다주는 것은 내 여자가 자식을 잘 키워주길 바라는 마음입니다. 또한 남자에게 장모님은 식상이라는 별로 남자가 장모에게 잘하면 재성인 돈이 벌리게 됩니다. 간단한 논리죠. 학문적으로 어느 정도 알아야 쉽게 이해할 텐데 어렵겠지만 잘 응용하면 실생활에 도움이 많이 되는 학문이 역학입니다.

승부에서 이기는 법

　승부에서 이기는 방향을 논해 보겠습니다.

　첫째, 풍수에서는 문충살이라고 하여 문을 열면 들어오는 바람의 영향을 직접적으로 받는 곳이 가장 좋지 않습니다. 그래서 중요한 이야기를 할 때는 현관문 쪽을 등지고 앉아 이야기를 하면 이야기가 잘 되지 않을 가능성이 큽니다. 바람이 직접적으로 들어오는 방향은 피해야 합니다.

　둘째, 방문 쪽이나 화장실문 쪽에 앉아 이야기를 하면 가장 좋지 않은 방향에 앉아 대화를 하는 겁니다. 이 방향 역시 피해야 할 방향으로 승부론적으로 좋지 않습니다. 잠자리나 공부 등 모든 면에서 좋지 않은 방향이 됩니다.

　셋째, 역학에서 말하는 공망 방향입니다. 이번 주에는 자축(子丑)이 공망이라고 한다면 자축이라는 글자의 에너지가 상실되어 있다고 봅니다. 그러므로 공망되는 자축 방향을 등지고 앉으면 최고로 길하게 됩니다.

　자(子)라는 방향은 북쪽이고 축(丑)이라는 방향은 동북쪽이니 북쪽을 등지고 남쪽을 바라보는 사람과 동북쪽을 등지고 서남쪽을 바라보는 사람이 필승하게 되어 있습니다. 상대방의 생년월일을 안다면 그 사람의 공망이 뭔지를 찾아 오늘이 공망일이라면 무조건 승리할 것입니다. 요즘 핸드

폰 기능이 좋아서 그날그날의 공망을 바로바로 알 수 있는 프로그램이 많으니 다운받으면 될 듯합니다.

   넷째, 내가 가장 강해지는 나의 띠 날입니다. 내가 개띠라면 술(戌)날 행해 보세요. 유리해집니다. 날의 분이라는 것이 있는데 오늘이 병(丙)·정(丁)·임(壬)·계(癸)날이면 무조건 챔피언이 이깁니다. 힘센 사람이 이기는 날입니다. 내가 주체라고 생각한다면 병정(丙丁)임계(壬癸)날 행하면 좋을 듯합니다.

물 이야기

　이 세상에 물보다 부드럽고 강한 것은 없습니다. 물은 높은 곳에서 낮은 곳으로 흐르니 겸손함을 가리키며 막히면 돌아가는 지혜를 가지고 있으며 구정물도 포용하는 포용력을 겸비했습니다. 어떤 사람과도 소통하는 융통성과 바위를 뚫는 인내심과 끈기를 가지고 있는 것이 물인데 이번 시간은 가장 부드러운 물의 내면에 단단함이 있음을 이야기해 보려 합니다.

　물을 통하지 않고서는 그 어느 것도 딱딱하게 되지 못합니다. 콘크리트를 보면 알 수 있듯 시멘트는 물을 만나지 못하면 그냥 시멘트입니다. 시멘트는 물을 만나야 비로소 딱딱한 콘크리트가 됩니다.

　역학에서는 오행상 수(水)인 물은 저장, 안정, 휴식을 표현합니다. 저장할 수 있는 힘, 딱딱하게 뭉칠 수 있는 힘은 수(水)에서 나옵니다. 부드러운 물속에 숨은 본성 자체가 딱딱하기 때문이라고 봐도 됩니다.

　사람의 본성도 마찬가지입니다. 남자는 단순할 수 있습니다. 강해 보이는 남자의 이면에는 약한 본성을 숨기고 있습니다. 강해 보이는 운동선수 마음이 더 연약하고 순진한 것을 보면 알 수 있습니다. 여자를 물에 비유할 수 있는데 부드러운 여자의 이면에는 강인한 본성을 숨기고 있습니다. 차갑고 냉정해 보이는 여자의 속마음이 더 따뜻할 수 있고 항상 친절

한 여자의 속마음이 의외로 차가울 수 있습니다. 유들유들한 사람의 속마음이 더 독할 수 있습니다.

겉이 부드러우면 속이 딱딱하고 속이 부드러우면 겉이 딱딱합니다. 이는 물로 인한 변화입니다.

4가지 눈

　인간에게는 4가지 눈이 있습니다. 물질을 보는 육안(肉眼), 지혜를 터득하여 가지는 지안(智眼), 마음으로 보는 심안(心眼), 신령한 것을 보는 영안(靈眼)이 있습니다.

　첫째, 육안은 가장 기본단계에 머물러 있는 눈입니다. 사물을 보고 '그 사물이 어떻다'라고 보이는 것을 이야기하는 것입니다. 보이는 것을 가리키기에 자기 자신을 보지 못할 수 있습니다. 그래서 등잔 밑이 어둡다고 합니다.

　둘째, 심안입니다. 쉽게 마음의 눈입니다. 심안(心眼)을 사전에서 찾아보면 '자세히 살펴 조사하다' 또는 '자세히 살펴 생각하다'입니다. 내면에서 움직이는 생각, 마음, 감정, 느낌을 관찰하고 감각하는 눈입니다. 즉 마음의 동정을 보는 눈입니다. 어떤 사물을 보고 사물을 판단하는 것이 아닌 사물에 대한 나의 감정이랄까요?

　셋째, 영안입니다. 영안(靈眼)은 영묘한 눈입니다. '흔히 영적으로 살펴 분별할 수 있는 능력을 이른다'라고 사전에 나와 있습니다. 영안은 대상이 없는 대상을 보는 것입니다. 유심을 보는 눈이 아니라 무심을 감각하는 눈입니다. 우리가 쉽게 이야기하는 깨달음이라고 보면 됩니다.

넷째, 지안입니다. 지식의 눈으로 바라 보라는 것입니다. 이성과 지식으로 합리적으로 세상을 바라보고 생각하라는 것입니다.

우리는 몇 가지 해안을 가지고 살아가는 걸까요?

운명을 바꾸는 방법

　명리를 공부하다 보니 운명을 바꾸기 위해서는 몇 가지 알아야 할 것들이 있더라고요. 이에 대해 논해 보겠습니다.

　첫째, 본인의 운명을 알아야 합니다. 사주팔자를 보면 그 사람의 성격이나 환경, 육친과의 관계나 재물복 등을 알 수 있습니다. 사주팔자는 통계적이어서 어느 철학관을 가도 큰 틀은 비슷하게 나옵니다. 본인의 운명을 알면 자기의 분수를 알게 되고 분수를 알면 분수에 맞게 행동할 것이고 분수에 맞게 행동하면 더 큰 행복을 얻을 수 있다고 생각합니다. 제가 상담 시 항상 손님들에게 '팔자에 분수를 지켜야 한다'라고 말하는데 분수를 지키지 못하면 과욕을 부르기 쉽기 때문입니다.

　둘째, 좋은 인연을 만나야 합니다. 한자의 사람 인(人)을 보면 알겠지만 혼자서 살아갈 수 없는 것이 인생입니다. 좋은 인연의 사람을 만나면 재앙이 복으로 바뀔 수 있습니다. 즉, 좋은 인연, 좋은 동반자, 좋은 윗사람, 좋은 아랫사람을 만나면 좋은 인연으로 인하여 팔자가 바뀔 수 있습니다. 동반자를 선택하더라도 좋은 명조를 갖은 사람을 선택해야 운수가 더 발복합니다. 우리는 줄을 잘 서야 한다는 말을 종종합니다. 자기에게 맞는 사람은 어떤 사람인지 맞지 않은 사람은 어떤 사람인지 알고 살면 큰 도움이 될 것으로 생각합니다.

셋째, 좋은 방향, 좋은 숫자, 좋은 색깔, 좋은 이름을 선택해야 합니다. 좋은 방향과 숫자나 색깔과 이름을 선택하면 운명이 조금이라도 긍정적으로 바뀐다고 합니다. 나에게 맞는 대학과 직장이 있습니다. 여기서 모든 것을 논하기는 그렇지만 여름에 태어났다면 당연히 하얀색이 나의 기운을 상승시켜 주는 색깔이 됩니다. 여름은 가을로 가야 하고 가을의 색깔인 하얀색이 좋은 것입니다. 그날그날에도 이기는 색과 방향이 있습니다. 자기에게 맞는 숫자와 피해야 하는 숫자가 있습니다. 이름 또한 크게 운명에 좌우되고 회사 이름 또한 사업에 크게 좌우됩니다. 최근에는 기존 작명법에 파동성명학, 음양성명학 등 수많은 작명법이 새롭게 나오고 있고 성명학이 점점 발전해 나가고 있습니다. 저는 주역으로 성명학을 보는데 배우면 배울수록 신비한 학문은 맞는 것 같습니다.

넷째, 본인의 나쁜 습관, 나쁜 행동, 나쁜 가치관을 바꾸려고 노력해야 합니다. 내가 보는 나와 남이 보는 내가 틀립니다. 우리가 녹음해서 내 목소리를 들으면 다른 사람 목소리 같이 들릴 겁니다. 남들이 보는 내가 정말 나일 수도 있습니다. 남들이 지적하는 나쁜 버릇이나 습관을 한 번쯤은 생각해 보고 바꾸도록 노력하면 운명이 바뀔 수 있다고 생각합니다.

다섯째, 열심히 운동하고 건강을 챙기면서 수양해야 운명이 바뀝니다. 건강 때문에 꿈을 이루지 못하는 경우가 많습니다. 평소 건강을 위해 운동하는 습관을 길러야 나중에 좋은 운이 왔을 때 더 높게 날아갈 수 있을 듯합니다. 그러기 위해서는 욕심을 버리고 수양해야 합니다. 모든 재앙은 욕심에서 오는데 과욕을 부리다가 패망하는 경우가 대단히 많습니다. 욕심을 완전히 버리고 살 수는 없겠지만 과욕은 반드시 버려야 합니다. 과욕은 언제나 화를 부르기 때문입니다.

  여섯째, 덕을 베풀어야 합니다. 덕을 베풀면 운명이 바뀌는데 본인도 바뀌고 후손의 생 또한 바뀐다고 합니다. 덕은 있는 자만이 베푸는 것이 아니고 좋은 말로라도 베풀 수 있는 것입니다.

운명을 바꾸는 여섯 가지 개운법
적덕 · 인연법 · 독서 · 풍수

우리가 '개운한다'라는 말을 합니다. 개운법이라고 해서 운을 바꾸는 개운에 대해 논해 보겠습니다.

첫째, 위에서도 말했지만 적덕 또는 적선입니다. 남을 위해 선행을 하거나 덕을 쌓는 것입니다. 남에게 베푸는 것이야말로 운명을 바꾸는 가장 큰 영향력입니다. 베푸는 것은 물질적인 것만 있는 것은 아닙니다. 말로서 베풀 수도 있고 행위로서 베풀 수도 있는 것입니다. 공자도 선을 쌓는 집에는 필시 경사가 있을 것이라 하였는데 적덕이나 적선의 영향력은 자신은 물론이고 후대까지도 영향을 미친다고 했습니다.

둘째, 위에서도 이야기했지만 인연법입니다. 인간이 살면서 어떤 사람을 만나느냐에 따라 인생이 바뀔 수 있다고 합니다. 특히 스승이나 배우자일 경우에는 더하겠죠. 적덕을 쌓고 수양을 해야 좋은 인연인지 아닌지 분별하는 힘이 생기고 좋은 인연도 만날 수 있겠죠? 내 인생을 바꿀 수 있는 스승이나 배우자를 만나셨는지요?

셋째, 독서입니다. 가장 손쉽게 운명을 바꾸는 방법이 독서라고 합니다. 몸으로 배우는 것도 있지만 모든 것을 체험을 통해 알 수는 없습니다.

그래서 책을 통해 지식을 넓히는 것이랍니다. 어리석음을 면하고 지혜를 얻기 위해서는 책을 읽는 것이 제일입니다. 옛말에 '문·사·철 육백'이라 하였는데 '문학책 삼백 권, 역사책 이백 권, 철학책 백 권을 읽어야 한다'라는 말에서 나온 말입니다. 문학, 역사, 철학이 어우러져야 교양과 지식이 높아진다는 뜻 같습니다. 책을 많이 읽어 개운해 보시길 바랍니다.

넷째, 풍수입니다. 좋은 터에 살거나 조상을 좋은 터에 모시면 운명을 바꿀 수 있다고 합니다. 조상 묘도 중요하지만 내가 어떤 환경에서 사느냐가 더 중요합니다. 풍수에는 양택과 음택이 있는데 양택은 산 사람들이 사는 곳으로 현재 우리가 사는 집을 말하고, 음택은 망자들이 사는 곳으로 묘지를 말합니다. 양택은 향을 중요하게 보고 음택은 좌를 중요하게 봐서 혈을 중요하게 봅니다. 천지인(天地人)이라 하여 인간은 자연을 절대 이길 수 없습니다. 땅의 기운, 하늘의 기운을 이길 수 없다는 겁니다. 사실 풍수라는 것은 그냥 쉽게 주어지는 것입니다. 우리가 이야기하는 복을 그냥 받을 수 있는 것은 오직 풍수밖에 없습니다. 적선·독서 이런 개운법을 지키지 않아도 그냥 얻을 수 있는 것이 풍수입니다. 자연법이라 그렇습니다. 물이 모이면 사람이 모이고 돈이 모인다고 합니다. 어느 지역이든지 시장은 지대가 낮아 물이 모이고 사람이 모이고 돈이 모이는 곳이 됩니다.

운명을 바꾸는 방법인 개운법에 대해서 이야기를 해 보았습니다.

삼여(三餘)

삼여(三餘)를 아시나요?

사주에서는 오행중 수(水)의 기운이 편안함과 휴식을 가리키는데 삼여는 수(水)기를 가리킵니다.

사람은 평생을 살면서 하루는 '저녁'이 여유로워야 하고, 일년은 '겨울'이 여유로워야 하고, 일생은 '노년'이 여유로워야 하는 세 가지 여유로움이 있어야 합니다. 이것이 '삼여'입니다.

하루 중 저녁이 수를 가리키고, 일년 중 겨울이 수를 가리키고, 인생 중 노년이 수를 가리킵니다.

여유를 모르는 사람은 그만큼 배려하는 마음이 적다고 합니다. 하루하루를 급하게 살아가는 우리네 인생사에서 조금이나마 여유로움을 가지도록 노력해야겠습니다.

일반인들은 걸음걸이로 그 사람을 판단하는데요, 큰 부자나 잘 나가는 사람은 걸음걸이에 급함이 없습니다. 식사 때도 마찬가지입니다.

급해서 좋은 것은 도망갈 때나 벌레 잡을 때뿐입니다. 수(水)기의 기운처럼 삼여(三餘) 하시길 바랍니다.

윤년, 윤달, 윤일 이야기

윤년은 양력 2월이 29일까지 있는 해를 말하고,
윤달은 음력으로 윤달이 한 달 더 있는 달을 말하고,
윤일은 양력 2월 29일 당일을 말합니다.
여기에서 알 수 있듯이 윤(閏)자가 들어간다고 모두 음력이 아닙니다.
윤년과 윤일은 양력(태양력)의 소관이고,
윤달은 음력(태음력)에만 있습니다.
윤달은 신자진(申子辰)해인 원숭이띠, 쥐띠, 용띠해에 옵니다.

예로부터 윤달은 덤이라 귀신의 간섭을 피할 수 있다는 말이 있습니다. 그래서 윤달이 있는 해에 조상묘를 이장하거나 묘소에 상석을 세우거나 수의를 만들거나 집안을 수리하고 혹은 이사를 가기도 했습니다.

옛날에는 윤달에 결혼하면 좋다고 하여 선호했지만 요즘은 윤달에 결혼을 기피하는 날로 변했습니다. 분만실 산모는 윤일을 피해 출산하느라 애를 쓰기도 합니다.

이처럼 윤달이나 윤일에 결혼과 출산을 기피하는 심리는 기념일을 챙기지 못하기 때문인 듯합니다.

양력으로 윤년이 있는 해에 하계올림픽이 열립니다.

가장 많은 윤달은 윤5월입니다.

이름에 '윤달 윤(閏)'자가 들어간 사람은 윤달에 태어난 사람이 많습니다.

태양력에서 1년이란 지구가 태양을 한 바퀴 도는 시간을 말합니다. 이것을 공전이라고 하는데 한국천문연구원에 따르면 지구의 공전주기는 정확히 365일 5시간 48분 46초라고 합니다. 1년에 약 6시간이 넘습니다. 이것을 4년간 모으면 하루치에 가까워집니다. 그래서 4년에 한번 꼴로 2월에 29일을 만들어 366일로 하여 연평균 일수를 365.25일로 만듦으로써 윤일을 만든 것입니다.

음력에서 한 달이란 '달이 지구를 한 바퀴 도는데 걸리는 시간'을 말하며 음력은 1년이 총 354일입니다. 양력과 비교하여 11일이 부족합니다. 1년에 11일간 차이가 나니 3년이 지나면 33일이 되어 한 달이 넘는 날짜가 됩니다. 양력과 음력의 계절 균형을 맞추기 위해 3년에 한 번씩 한 달을 덤으로 윤달이란 것을 만들어 음력과 양력의 차이를 없앤 것입니다.

오비이락(烏飛梨落)의 뜻

악연(惡緣)은 도돌이표입니다.

중국의 일화입니다. 스님이 수도하고 있는데 동굴에 멧돼지 한 마리가 화살을 맞고 들어왔습니다. 조금 후 활을 든 사냥꾼이 달려와서 스님께 멧돼지의 행방을 물었습니다. "사냥꾼 양반, 여기서 그만 그치시게"라고 스님이 말했습니다. 스님은 멧돼지와 사냥꾼의 전생 관계를 보아 이리 말했습니다. "아니 스님, 저는 사냥꾼입니다. 저더러 굶어 죽으라는 말씀인가요?" 항변하는 사냥꾼에게 전생 이야기를 해주었습니다.

오비이락파사두(烏飛梨落破蛇頭)
사변저위석전치(蛇變猪爲石轉雉)
치작엽인욕사저(雉作獵人欲射猪)
도순위설해원결(導順爲說解怨結)

배나무에 앉아 있던 까마귀가 날아가려는 순간, 꼭지 약한 배가 떨어져 마침 밑에서 똬리를 틀던 뱀이 머리를 정통으로 맞아 즉사했습니다. 까마귀는 뱀이 죽었는지도 모르고 제 갈 길을 갔습니다. 뱀을 죽일 의도는 없었지만, 우연히 이런 일이 벌어진 것입니다. 영문도 모르고 죽은 뱀은 다음 생에 멧돼지로 환생했고 까마귀는 꿩으로 환생해 같은 공간에서 살게 되었습니다. 봄이 되어 꿩이 산비탈 양지바른 곳에 둥지를 틀고 알을 낳아 품고 있었는데 하필 멧돼지가 먹이를 찾아 헤매다가 그 위쪽의 바위를 건드려 그 아래에 있던 꿩의 둥지를 덮쳐 꿩은 알과 함께 압사하고 말았습니다. 그런 사실을 모르고 멧돼지는 제 습성대로 이산 저산을 돌아다니며 먹이를 구하러 다녔습니다. 꿩은 사람의 몸으로 태어나서 사냥꾼으로 살아가게 되었습니다. 어느 날 사냥하러 나섰는데 늙은 멧돼지를 발견하고 활을 쐈으나 화살을 맞은 멧돼지는 스님이 있는 곳으로 도망쳐 이곳까지 오게 된 것입니다. 스님은 사냥꾼을 불러 세워 살생이라는 악연이 끊임없이 되풀이됨을 알리고 중지하게 하였다는 이야기입니다.

우리네 인생사에도 이런 전생의 인연이 있겠죠? 제가 궁합과 인연으로 석사 논문을 쓰면서 상사병의 글자를 연구해 본 적이 있습니다. 첫눈에 반했는데 그게 악연이다? 아이러니한 인생사인 듯합니다.

알면 좋은 구전

　빨간색으로 이름을 쓰면 안 된다? 옛날에는 황제나 임금만 빨간색으로 이름을 쓸 수 있었습니다. 따라서 빨간색으로 자신의 이름을 쓰면 황제나 임금이 되겠다는 뜻이 되므로 자칫하면 역적으로 몰리게 되었습니다. 그러나 예외가 있습니다. 죽은 사람은 반역을 할 수는 없으니 사용 가능했습니다. 낮에 거미가 내려오면 손님이 오고 아침에 천장에서 거미가 떨어지면 재수가 좋습니다. 밤에 거미가 내려오면 근심이 생깁니다. 낮에 까치가 울면 손님이 오고 저녁에 까치가 울면 근심이 생깁니다. 나쁜 말을 하면 재수가 없어지고 나쁜 생각을 하면 꼭 그렇게 나쁘게 됩니다.

　　살구나 복숭아는 제사에 쓰지 않습니다.
　　제삿날에 절하기 전 밥을 먹지 않습니다.
　　누워서 밥을 먹으면 죽어서 소가 됩니다.
　　밥상에서 잔소리를 많이 하면 복이 나갑니다.
　　결혼 날짜를 잡은 후 다른 결혼식에 가지 않습니다.
　　자식 자랑은 하는 것이 아닙니다.

불행의 씨앗

　불행은 언제 어떻게 올까요? 불행은 말 그대로 '행복하지 못하다'입니다. 불행은 걱정에서 온다고 하는데 걱정만 없다면 과연 행복할까요?

　우린 항상 앞일을 걱정하면서 살아갑니다. 사람이라는 동물만이 미래를 걱정하고 생각한다고 합니다. 직장이 있으면 직장에서의 걱정이 있고 결혼하면 결혼해서 문제가 있습니다.

　걱정이란 인간의 보호 본능에서 오는 두려움의 결과지만 걱정이란 놈이 가장 무서운 이유는 현재의 행복을 누리지 못하게 한다는데 있습니다. 현재를 불안하게 만드는 녀석이기 때문입니다. 걱정을 하면 현재가 주는 즐거움을 누릴 줄 모르게 되고 미래의 불행에 대비하느라 시간을 소비하게 됩니다. 그러니 현재는 늘 행복하지 않을 수도 있습니다.

　어쩌면 불행이란 걱정의 씨앗으로 자라난 악성 종양과도 같은 존재라고 보아도 될 듯합니다. 현재를 즐기면서 사는 여유도 필요하고 미래의 준비도 좋지만 마음을 비우고 현재 자신에게 주어진 모든 것에 감사하며 산다면 그것이 행복이 아닐까 합니다.

　행복은 독립적으로 존재하지 않습니다. 행복과 불행은 함께 존재하는 것입니다. 행복은 아직 불행의 그림자가 겉으로 드러나지 않은 상태를 가리키고 불행은 아직 행복의 그림자가 겉으로 드러나지 않는 상태를 가리킵니다.

이러한 행복의 본질을 안다면 세상사에 일희일비(一喜一悲)하지 않을 것입니다. 이것이 역(易)에서 말하는 음양(陰陽)의 이치인 듯합니다.

운을 변화시키는 사람과 풍수

태어난 생년월일시을 문자화한 것이 사주팔자입니다. 사주팔자는 설계도이니 변하질 않습니다. 그러나 그 범위에서 오차가 생길 수 있습니다. 가령 아이스크림을 팔 팔자라면 백화점에서 팔 수도 있고, 배스킨라빈스에서 팔 수도 있고, 동네 구멍가게에서 팔 수도 있고, 노점에서 팔 수도 있겠죠. 사주팔자의 큰 틀(목적지)이 이미 정해져 있다고 한다면 운을 좋게 바꿀 수 있는 것이 무엇일까요?

첫째, 인연이 아닐까 합니다. 많은 인연 중 일생에서 가장 중요한 인연은 부부의 인연일 것입니다. 상대방의 기운으로 내가 잘될 수도 망가질 수도 있으니 말입니다. '봉생마중 불부직(蓬生麻中 不扶直)'이라는 말이 있습니다. 굽어지기 쉬운 쑥대도 삼밭 속에서 자라면 저절로 곧아진다는 뜻입니다. 삼은 키가 크고 곧게 자라는 식물인데 꾸불꾸불 자라는 쑥이 삼밭 속에서 자라게 되면 삼의 영향을 받아 곧게 자란다고 합니다.

좋은 벗과 사귀면 좋은 사람이 된다는 말이 있습니다. 좋은 환경에서 훌륭한 친구와 교우 관계를 맺으면 거기에 동화된다는 뜻입니다. 쑥도 삼밭에서 자라면 부축하지 않아도 똑바로 자라고, 흰 모래는 검은 모래와 섞이면 검은 모래가 되는 것처럼 누구를 만나고 누구와 함께 하느냐가 사람의 일생을 크게 좌우합니다. 그래서 좋은 만남이 좋은 인연을 낳고 좋은 인연이 좋은 결과를 낳게 됩니다.

둘째, 집터일 것입니다. 인간이 어떻게 대지의 넓은 뜻을 알겠습니까? '천지불인'이라고 '하늘과 땅은 어질지 않다, 인정이 없다'라고 노자가 말씀하였는데요, 자연의 순리를 알아야 한다는 뜻 같습니다.

일반적으로 양택은 바람의 영향을 받고 음택은 땅의 영향을 받는다고 합니다. 그래서 양택은 천(天)기인 향을 중요시하고, 음택은 땅의 기운인 혈인 좌를 더 중요시합니다. 또한, 배산임수라 하여 뒤에 산이 있어야 인정을 다스리고 앞에 물이 있어야 재물을 다스린다고 했습니다. 집터인 땅의 기운이 좋아야 인생의 전환을 말할 수 있는 것 같습니다.

태어났을 때 이미 조상의 묘지를 쓴 기운만큼의 사주가 결정되고 태어난 이후 조상의 묘지를 바꾸면 바뀐 기운만큼 영향을 미쳐 사주가 변한다고 합니다. 그래서 조상들의 묏자리를 좋은 곳에 쓰면 발복되어 좋은 기가 자손에게 전해지므로 발전한다고 합니다. 이는 타고난 기운도 후천적인 영향으로 바뀔 수도 있다는 뜻입니다. 마찬가지로 주변의 인덕과 인연하는 사람도 만들어 가는 것이라 생각합니다.

좋은 토양에 살고 있는 것도 복입니다. 동기감응으로 조상님의 기운을 받을 수 있습니다. 우리 인간도 좋은 터에 들어가면 아무리 찌질한 사람도 좋아진다는 말이 있습니다.

당나라 때 '양구빈'이라고도 불린 '양균송'이라는 사람이 '가난한 백성을 구제하는 것은 풍수밖에 없다'고 한 말이 갑자기 생각나네요. 그는 풍수를 가리켜 '구빈지학'이라고 칭하고 인간의 길흉화복과 빈곤을 구제하는 학문이라고 보고 실제로 많은 백성들에게 좋은 일을 하여 '양구빈'이라고 불렸습니다.

우리는 땅의 기운인 지(地), 하늘의 기운인 천(天), 사주라는 인(人)이 하나 되어 지천인(地天人)으로 살아가는 이치입니다.

이사 관련 속설

빗자루와 빗은 놔두고 가라.
빚은 청산하고 빛은 반사하니 빛나라는 뜻입니다.
이사시 기존에 있던 짐들은 깔끔하게 청소하고 정리하여
새집으로 가라는 겁니다.

집 앞에서 바가지를 깨라.
이사 가는 새집의 문 앞이 아닌 원래 살던 집 앞에서
바가지를 깨고 출발하라는 겁니다.
바가지를 깨는 것은 원래 집에 함께 있던 귀신들을 쫓는 행위로
새로운 집으로 따라오지 못하게 떼어 놓는 풍습입니다.

새집 앞에 소금을 뿌려라.
상갓집에 다녀왔을 때 집 문앞에서 소금을 뿌리는 모습
많이들 보셨죠? 소금이 귀신을 쫓는 역할을 하기 때문에
이사한 새집 문 앞에 소금을 뿌려놓는 것입니다.
새집으로 귀신들이 들어오지 못하게 하고

좋은 기운만 들어오도록 하기 위한 이사할 때 미신입니다.

이사할 때 비가 오면 부자가 된다.
옛날에는 요즘처럼 차량이 없었기 때문에
오로지 수레를 이용해 이사를 했습니다.
수레를 이용하여 이사할 때 비가 오면
수레바퀴와 바닥의 마찰이 줄어들어 덜컹거림이 적고 그로 인해
이삿짐이 파손될 위험이 적었다고 합니다.
이 이야기가 지금까지 전해져 내려오면서
이사할 때 비가 오면 부자가 된다는 속설이 생겨난 것입니다.

이사하는 날 천둥번개가 치면 나쁜 잡귀가 다 떨어져나간다.
위와 같이 비가 오는 날 이사를 하게 되면
잘산다는 말들이 많이 있습니다.

이사 가는 날 밥솥이 가장 먼저 들어가면 재물이 불어난다.
밥솥 안에 쌀을 조금 넣어 가지고 갑니다.
만약 다른 날에 이사를 한다면
이사 전날, 혹은 손 없는 날에 미리 그렇게 해도 됩니다.

이사 당일 소금 자루를 현관에 놓아두고 밟고 들어가면 좋다.
이때 쓴 소금 자루는 액받이 한 것이니 알아서 처리하면 됩니다.

이사 전날 각 방 모서리에 천일염과 고춧가루를 섞어 가져다 놓고
이사 당일 쓸어버린다.
천일염과 고춧가루는 귀신을 물리치는 힘이 있습니다.
고춧가루 대신 팥을 쓰는 경우도 있습니다.
이사 후 각방마다 인진쑥과 양초를 피웁니다.

출입구에 펴놓는 발판 밑에 동전 여섯 개를 깔아두고
집안으로 들어설 때마다 '재운을 안고 집안으로 들어 왔네'라고
마음속으로 생각하면 됩니다.

인덕 이야기

　우리가 살아가면서 '인덕이 있다, 없다'라고 하는데, 인덕은 과거에 타인에게 베풀었어야 그만큼 인덕이 생기는 것입니다. 전생부터 지금까지 베풀며 살았다면 언젠가는 인덕을 받을 수 있을 것입니다. 역학을 공부한 분들은 쉽게 이해하겠지만 역학을 공부하지 않았어도 이해하기 쉽게 설명해 보겠습니다.

　우리는 엄마에게 밥을 차려달라고 하죠? 당연히 받아야 한다고 생각을 합니다. 역학에서는 십신(十神) 중 인성을 엄마라고 하는데 다른 표현으로 저장 창고라고 합니다. 그래서 엄마나 여자가 돈을 관리하면 좋습니다.

　특히, 보편적으로 남자가 엄마에게 돈 관리를 맡기면 더 좋습니다. 특히 씀씀이가 큰 사람일수록 더하고, 아버지가 여자를 좋아하고 바람을 피우면 더욱더 엄마에게 돈 관리를 맡겨야 합니다. 만약, 결혼했다면 아내에게 경제권을 맡기면 좋습니다. 음양의 이치라 그렇습니다. 남자는 양이고 여자는 음이기에 음양이 맞는 것입니다. 엄마의 짝이 아버지인 것처럼 창고가 있다면 보관 물품이 있는 것이 당연히 좋겠죠? 창고가 있는데 텅 빈 창고라면 좀 그렇잖아요. 이렇듯 사주에서 돈을 버는 재주는 있는데 저장 창고가 없다면 돈이 모이질 않는다는 논리입니다. 인덕이라는 것도 받는 것이 있으면 나가는 것이 있어야 합니다.

역학에서는 베푸는 것을 식상이라고 표현하는데 베푸는 것도 종류가 많습니다. 계산하고 주는 마음은 여자이고 계산 없이 주는 마음은 엄마라고 본다면 엄마의 마음으로 남들에게 베푼다면 분명 나에게 돌아오는 인덕이 있으리라 생각합니다.

인덕이란 정말 엄마처럼 조건 없이 베풀어야 생기는 것이 인덕입니다. 우리가 일상에서 밥값을 잘 내는 친구들을 보면 절대 굶어 죽지 않고 그 이상으로 복을 받는 것을 보실 겁니다.

우물가에 물을 아낀다고 쓰지 않으면 물이 썩습니다. 이 글을 보는 분 중에 인덕이 없다고 생각한다면 전생에 지은 죄를 갚는 것일 수도 있습니다. 그러나 아직 살아갈 날들이 많으니 모르는 일입니다. 모으는 것보다 어떻게 잘 쓸까를 생각하시고 많이 베풀어서 인덕이 많다고 자부하는 사람이 되시기를 바랍니다.

입춘과 정월 초하루 이야기

입춘 정월이 되면 한 해의 기운을 미리 알 수 있습니다. 정월에 큰 안개가 끼면 큰 재해가 나타난다고 합니다. 입춘은 봄이 되어 따뜻한 양기가 들어와야 하는 시점이고 하늘에서는 봄을 알리는 시기인데 안개가 끼면 그 기운을 막으니 사람에게도 곡식에도 좋지 않은 영향을 주기 때문입니다.

입춘날이 청명하고 날이 밝으면 그해에는 곡식이 잘 되고 입춘날 흐리고 음습하면 그해에는 벌레들이 많다고 전해집니다. 정월 초하루의 천간이 '갑·을·병·정·무·기·경·신·임·계' 중 을(乙)이 오면 곡식이 귀해지고 백성들이 병에 걸린다고 합니다. 설날이 을유(乙酉) 날이면 곡식이 귀해지는 해입니다.

정월 초하루가 쥐날이면 자시에 방아찧기와 쥐불놀이를 하였고, 정월 초하루가 소날이면 소에게 나물과 여물을 먹여 동물의 노고를 기렸으며, 정월 초하루가 호랑이날이면 왕래를 삼가고 특히 여인의 외출을 삼가했고, 정월 초하루가 토끼날이면 남자가 대문을 먼저 열어야 집안의 기운이 좋다고 합니다. 정월 초하루가 용날이면 용이 샘물에 알을 낳는다고 하여 그 샘물로 밥을 지어 먹으면 풍년이 든다고 합니다. 정월 초하루가 뱀날이면 머리를 깎지 않았다고 하고 머리를 깎으면 집안에 화가 온다고 믿었다고 합니다. 정월 초하루가 닭날이면 바느질을 하지 않았다고 합니다.

정월 초하루에 세배하는 이유는 세뱃돈으로 달걀이나 병아리를 사서 닭으로 키우고 닭을 판 돈으로 송아지를 사서 송아지를 소로 늘려 논밭을 사라는 의미가 있습니다. 세뱃돈으로 로또를 사라는 뜻은 아닙니다.

옛날에는 떡국에 소고기나 꿩고기를 넣었는데 꿩이 비싸고 귀해서 대신 닭고기를 넣었다고 합니다. 그래서 '꿩 대신 닭'이라는 말이 생겼겠죠.

예전에는 정월 초하루 전에 복조리도 많이 사놓았는데 요즘은 복조리 구경을 할 수가 없습니다.

입춘과 정월 초하루 설날에 얽힌 이야기를 해 보았습니다.

장 담그기 좋은 날

누구나 사주팔자라는 8글자를 가지고 자기 생긴 그릇 모양이 있어 그 그릇이 생긴 모양대로 물이 담기고 그 그릇이 그날그날의 기운에 따라 반응하듯 그날그날마다 분이 있습니다. 이왕이면 자연이 뿌려준 기운에 순응하여 살면 좋겠죠? 이렇듯 '자·축·인·묘·진·사·오·미·신·유·술·해'라는 12개의 날마다 행하면 좋고 행하면 좋지 않은 것이 있습니다.

장 담는 것 자체가 맛을 확실하게 들여야 하기에 오행상 금(金)기가 있는 날에 장을 담으면 맛이 있다고 합니다. 4계절인 자연의 기운은 3개씩 짝을 이루는데 금기를 가리키는 동물은 뱀, 닭, 소입니다. 그래서 뱀날, 닭날, 소날은 장 담그기 좋은 날입니다. 그래서 옛 조상님들은 이날에 장을 담갔다고 합니다.

또한, 뱀날, 닭날, 소날들은 결정, 결론을 짓는 날이기도 합니다. 장 담그기 좋은 날일 뿐만 아니라 무언가 확실하게 하고 싶다면 뱀날, 닭날, 소날 행해 보시길 바랍니다. 좋든 안 좋든 결론 내기 쉽고 확실한 맛이 있을 것입니다. 그래서 이런 날은 길 가다가 보면 싸움도 많이 일어나는 날입니다.

제사 이야기

    제사하면 조상의 음덕을 먼저 떠올릴 것입니다. 조선 시대의 제사는 사대부만의 특권이었습니다. 유교로 정치를 해 온 나라로써 위로는 왕으로부터 아래로는 양반에 이르기까지 자신들의 권력 기원이 무엇인지를 확인하고 재생산하는데 유교는 국가의 숭고한 의례였기 때문입니다.

    유교에서는 가정에서 가장 중요한 것이 효라고 보았기에 조상님께 제사 지내는 것을 중히 여겼습니다. 그러나 일반 서민들은 제사를 지낼 수 없었습니다. 먹을 것도 없는데 제사를 지낸다는 것은 말도 되지 않았습니다.

    물 한잔 떠 놓고 하늘의 별? 칠성님에게 빌거나 달님에게 빌었습니다. 하지만 조선 시대가 붕괴하면서 신분 질서도 없어지고 정국이 어지러워 졌습니다. 그러나 이 시기에 제사가 사라질 줄 알았는데 오히려 모든 사람이 제사를 지내는 쪽으로 바뀌었습니다. 우리가 가지고 있는 성씨도 마찬가지입니다. 이렇게 되면서 온 국민의 양반화가 시작되었다고 보면 됩니다.

    조선의 헌법을 써놓은 경국대전에 보면 조선 시대 후기까지의 제사는 고조부까지 모시는 4대봉사(四代奉祀)가 아니라 당상관(3품관) 이상의 고관대작을 배출한 가문은 고조부까지 4대 봉사, 6품관 이상의 관리를 배출한 집안은 증조부까지 3대 봉사, 7품관 이하의 하위 관리들의 집안과 보통의 선비들은 조부모까지 2대 봉사를 했고 보통의 집에서는 부모의 제사만 모시는 1대 봉사를 했다고 합니다.

인연의 법칙

　인연이란 사람들이 살아가면서 맺어지는 관계를 말하는데 세상과 사람의 일은 반드시 인연과의 법칙으로 이루어진다고 합니다.
　법륜스님께서 하신 말씀 중에 콩을 땅에 심으면 봄에 싹이 나는데 그 씨앗이 인(因)입니다. 하지만 그 씨앗을 천장에 매달아 놓으면 봄이 되어도 싹이 트지 않습니다.
　씨앗이 싹을 틔우려면 밭에 적절한 온도와 습도 그리고 양분이 있어야 하는데 이런 주변 조건을 연(緣)이라고 합니다. 이러한 인과 연이 결합해서 나타난 결과를 과(果)라고 합니다. 한 사람 개인을 인이라고 하면 그 사람이 태어나서 사는 주변과 조건이 연입니다. 그 인과 연에서 삶이라는 과가 나타납니다.
　노력은 하지 않고 잘되게 해 달라고 비는 것은 인연과의 법칙에 어긋나기에 원하는 바가 있으면 열심히 노력해야 하는 것과 같습니다. 사주를 배우면서 철학을 공부하다 보니 많이 도움이 되고 세상을 넓게 보게 되는 것 같습니다.

본받을 만한 늑대의 '일부일처제'

　늑대는 철저한 '일부일처제'를 유지하고 지킨다고 합니다. 남자늑대는 자신의 암컷을 평생 사랑하고 보살핀다고 합니다. 또한 남자늑대는 암컷늑대가 죽으면 새끼늑대가 독립할 때까지 보살핀 후 암컷늑대가 죽은 그 자리에 가서 굶어 죽는다고 합니다. 나도 남자지만 대단한 것 같습니다. 그리고 남자늑대가 사냥을 해 오면 암컷늑대와 새끼늑대를 먼저 먹이고 자신은 경계를 서고 암컷늑대와 새끼늑대가 다 먹고 나면 그제야 나머지 음식을 먹는다고 합니다. 그리고 남자늑대는 자신을 키워준 어미늑대를 찾아가 안부를 전한다고 합니다. 한 소설에서 수컷늑대를 잡는 방법이 나옵니다. 남자늑대는 머리가 영리하고 전략적이기 때문에 잡기 매우 힘들다고 하는데 이때 암컷늑대를 잡으면 수컷늑대를 잡을 수 있다고 합니다. 남자늑대는 자신의 위기 상황을 알면서도 사랑하는 암컷늑대를 위해 인간들에게 잡혀주기 때문이라고 합니다. 누가 인간이 동물 중에 가장 우수하다고 했는지요? 우리가 추구하는 인간의 도리를 늑대는 이미 행하고 있었습니다. 또한, 늑대는 약한 상대를 사냥하지 않고 자신보다 더 강한 상대와 싸운다고 합니다. 약자에게 강하고 강자에게 약한 많은 인간들과는 너무나 다르죠? 늑대 같은 놈이 되어야겠습니다.

행동 성향으로 보는 궁합 이야기

궁합이란 남녀 간에도 있고 사업적 파트너에도 있습니다. 동반자로서 나에게 도움이 되면 길한 것이고 나에게 도움이 되지 않으면 흉한 것입니다. 엄청난 모순이지만 이것이 궁합입니다. 앞에서 말했지만, 동물을 키우는데도 그 키우는 동물과의 궁합적인 인자가 있습니다. 먼저 궁합을 볼 때는 사주팔자를 믿건 믿지 않건 상관없습니다. 사주팔자 몰라도 알 수 있습니다.

여자는 좋은 짝의 남자만 만나면 되는데 그 남자가 나에게 잘해 줄 수 있는지의 판단은 매우 간단합니다. 남자친구에게 그의 아버지에 대해 어떻게 생각하는지 물어보세요. 그 남자가 나를 바라보는 마음과 아버지를 바라보는 마음은 같습니다. 자신의 아버지를 존경하고 좋아하는 남자라면 나에게도 잘한다고 보면 됩니다. "난 아버지가 싫다"라고 한다면 이는 그 남자가 나를 바라보는 마음이 될 것입니다.

남자가 여자를 선택할 때는 여자의 직업관을 물어보세요. 직장과 자신이 하는 일에 만족한다면 여자는 남자에게 또한 잘한다고 봅니다. 직업의식이 있고 현재 직장에 만족한다면 그 여자는 남편 덕이 있으며 좋은 남자를 가질 자격이 있습니다. 그러나 직장에 항상 불만이 많고 이 직장, 저

직장 옮겨 다님이 많으면 남편 덕을 논하기 힘들다고 보면 됩니다.

꽃과 나비가 항상 좋을 수는 없습니다. 겨울이 되면 헤어지듯 남녀 간이나 다른 면에서도 항상 만족할 수는 없습니다. 그래도 그 사람이 바라보는 마음은 쉽게 변하지는 않습니다.

직원을 뽑을 때도 마찬가지입니다. 직원을 뽑을 때 물어보세요. 사주에서는 재성이 있어야 직장에서 열심히 일합니다. 그러므로 아버지에 대해 질문을 하면 됩니다. 아버지가 건강한지 아버지가 어머니에게 잘해 주는지만 물어보면 답이 나옵니다. 이 질문에 부합된 직원은 일을 잘하는 친구입니다.

사람은 받고 싶은 마음이 생기는 시기가 있고 주고 싶은 마음이 생기는 시기가 있습니다. 항상 받고 항상 주려고만 하질 않습니다. 사계절이 있듯 사람 마음도 돌고 돕니다. 뭔가 공부하고 싶다든지 뭔가 배우고 싶다는 것은 받고 싶은 마음이 많은 시기입니다. 배우자가 책을 열심히 읽고 공부를 열심히 한다면 받고 싶은 마음이 많은 것이니 더 신경을 써줘야 하는 시기입니다. 분명 말 한마디만 잘 던져도 감동할 것입니다.

버려야 할 물건

유효 기간이 있는 물건 중 유효 기간이 지난 것은 전부 버려야 합니다.

망가진 것, 고장난 것은 버려야 합니다.

내 것이 아닌 것은 버려야 합니다.

사용하지 않는 것은 버려야 합니다.

고장난 것은 버려야 합니다.

멈춘 것은 버려야 합니다.

퇴보되는 것은 버려야 합니다.

녹슨 것, 상처난 것은 버려야 합니다.

깨진 것은 파탄을 가리킵니다.

조화(造花)가 있으면 안 좋고 생화가 좋습니다.

세트 물건인데 없어진 것이 있으면 버려야 합니다.

인형이 망가진 것은 버려야 합니다.

주워 온 것은 다른 사람과 엮이는 것으로 안 좋게 봅니다.

입지 않는 것은 없애는 것이 좋습니다.

신발이 해어진 것은 안 좋습니다.

Ⅲ
관상 이야기

얼굴형에 따른
(木형)(火형)(土형)(金형)(水형) 분석

목형: 곧고 반듯하며 융통성이 없다.

깐깐하고 꼬장꼬장하며 까칠하다.

말수가 적으며 학자, 선비, 참모, 사무형이다.

몸으로 하는 것은 맞지 않다.

장이 좋지 않으며 밀접한 운동에 맞다. (펜싱, 탁구)

먼저 말을 걸지 않으며 이마가 넓기에 초년운, 학업운이 좋다.

화형: 불같고 다혈질이 많다.

이마(15-30)가 좁아 초년에 고생이 많다.

하체가 발달했기에 현장직이며 체력이 좋다.

운이 좋지 않으면 깡패나 운동선수가 많다.

신경질적이다.

토형: 안정적이고 보수적이며 느긋하다.

희생이 따르고 옛것을 지킨다.

구수한 느낌이 든다.

얼굴에서 광대뼈가 먼저 보인다.

금형: 단단하며 깐깐하고 날카롭다.

리더십이 좋고 적극적이다.

먼저 말을 걸며 관골보다는 사각져 보인다.

남에게 지길 싫어한다.

오지랖으로 갈 수 있다.

수형: 둥글둥글하며 키가 작다.

예쁘장하게 생겼다.

열정적이며 예술, 예능인이 많다.

사교적이며 명랑하고 미식가가 많다.

한 가지 일을 하는 것이 좋다.

애정관계에 문제가 잘 발생한다.

혈액계통에 문제가 잘 발생한다.

구전으로 내려오는 관상 이야기

이마가 넓으면 소견이 넓습니다.

눈 아래에 있는 점은 눈물점이라 하여 삶의 눈물을 말합니다.

눈 밑의 사마귀는 눈물을 받아먹고 삽니다.

코가 오목하면 식복이 많습니다.

귀가 길면 자식이 많거나 오래 삽니다.

귀문이 넓으면 복이 샙니다.

귓밥이 크면 부자가 됩니다.

손이 두툼하면 잘삽니다.

손끝이 뾰족하면 재주가 있습니다.

발이 크면 도둑놈이라고 했습니다.

둘째 발가락이 엄지발가락보다 길면 아버지가 먼저 죽습니다.

다리를 흔들면 복이 나갑니다.

보이지 않는 곳에 난 사마귀는 복사마귀입니다.

관상 기초상식 이야기

눈 : 인성(수명)

코 : 재성(재물)

입 : 식상

귀 : 관성(콧방울/인중)(지혜)

눈썹 : 비겁

모든 인체는 단정해야 귀한 것입니다.

얼굴색은 하나로 되어 있어야 좋습니다.

하나로 되어 있어야 진실하고 차분하며 생활 태도가 바릅니다.

체격이 좋고 굵으면 성공에 대한 야망이 크나 눈치가 없고

독선적이지만 재물적 성취는 있습니다.

둥근 얼굴은 대체로 무난합니다.

긴 얼굴은 찬스를 잘 잡습니다.

얼굴이 길면 몸과 팔이 길어야 합니다.

움직이는 입과 눈은 수의근(내가 통제)이며

움직이지 않는 코와 귀는 비수의근(통제 불능)입니다.

요즘은 개인 능력이기에 먼저 코를 보고 판단합니다.

입이 튀어나왔다든지, 밑의 입술이 역삼각형이든지,

이마가 역삼각형이든지, 앞 치아가 삼각형이든지,

귀가 모가 났다든지, 코가 쳐졌다든지,

귓구멍이 크고 붉은색을 띠면 전부 상관적인 기질입니다.

상관은 자유로운 영혼을 가리킵니다.

생활에 쫓기는 귀는 토끼 귀처럼 생겼고

안정적인 귀는 밑으로 처져있습니다.

발은 두툼해야 좋고

발바닥의 세로줄은 성공하는 줄이나 가로줄은 좋지 않습니다.

몸이 비뚠 사람은 마음도 비뚭니다.

목이 길면 생각이 많습니다.

음기는 그 사람의 기운이 어둡다는 것으로 진솔하지도 못하고

행동에 질서가 없습니다. (눈물도 음입니다)

두려움, 불안감, 성난 모습이 음입니다.

말하기 전에 웃는 것은 이치에 맞는 것이고 천성이 좋은 사람입니다.

흉터를 가지고 성공한 사람은 없습니다.

법령이 있어야 아이들이 말을 잘 듣고 아랫사람이 잘 따릅니다.

화기가 많은 사람은 반지를 끼면 좋습니다.

현재 잘나가는 사람은 관골에 살이 있고 입을 닫고 있으며

콧방울이 살아 있고 색이 좋습니다.

그 사람의 운기는 눈빛, 표정, 색에서 찾습니다.

미래는 음성, 품위, 행동으로 알 수 있습니다.

음성은 그 사람의 의식입니다.

음성은 눈 다음으로 중요합니다.

인정이 좋은 사람은 두꺼운 입술, 풍부한 볼, 이중 턱, 처진 눈꼬리, 세로줄이 있는 입술, 먹는 것을 권하는 사람입니다.

각지고 넓은 턱, 넓고 다문 입, 들어간 눈, 작은 눈(노력형), 들어간 산근은 성실한 사람입니다.

입이 나온 사람, 코가 나온 사람, 눈이 수평이고 코끝이 둥글면 협조성이 있는 사람입니다.

도량이 넓은 사람은 인중이 넓고 미간이 넓습니다.

가슴 사이가 넓을수록 마음도 넓습니다.

관골은 진취적 기상이며 과하면 돌격형입니다.

관골이 코보다 낮아야 합니다.

관골이 잘난 사람은 콧방울이 잘나야 합니다.

관골은 맡은 일에 최선을 다하는 사람입니다.

관골은 자존심이며 자기주장을 나타냅니다.

눈빛이 반듯하면 성품도 반듯합니다.

살이 탄탄해야 부유합니다.

눈과 눈썹은 그 사람의 인품이 됩니다.

눈에 눈물이 많거나 땀을 많이 흘려도 물이 많은 것입니다.

풍문이 넓으면 바람기를 가리킵니다.

처진 눈은 남의 약점을 잘 잡아내며

가늘고 긴 눈은 끈질기며 지구력과 의지력이 좋습니다.

눈이 크면 마음이 약해서 결단력이 부족하고 끈기가 없습니다.

그래서 유혹에 약하게 됩니다.

우유부단하고 지조가 약하며 정조관념이 없습니다.

눈이 크면 간담이 허해서 무서움을 잘 탑니다.

그래서 목에 가래가 끓고 편도선이 잘 붓습니다.

남들에게 아부를 잘하며 눈썹 옆의 주름은 바람기입니다.

유명, 인기로 가면 좋습니다.

눈이 작으면 보이는 것이 적기에 한 가지에 전념을 잘하며

신중형이고 관찰력이 좋습니다.

눈 주위가 어두우면 암울하다는 것으로 곧 재난이 온다는 뜻입니다.

눈꼬리가 처지면 대변과 설사의 문제이며

눈꼬리가 올라가면 성격이 예민하고 감정의 기복이 커서

신경성 질환으로 잘 나타납니다.

눈꼬리가 올라간 사람은 지구력과 인내력이 좋습니다.

눈꼬리가 올라가면 욱하는 성깔도 있지만 단순하며 거절을 못합니다.

그래서 그런지 처녀막을 지키지 못하고 즐기고 밝히게 됩니다.

눈꼬리 주름은 노고의 주름으로 참을성이 좋고

뭔가를 일궈낸 사람입니다.

눈꼬리 색(어미)이 중요합니다.

눈꼬리 어미의 색이 좋지 않으면 호색가입니다.

눈이 푹 들어가면 비위에 문제(위장병)가 있고

추위를 잘 타고 몸이 냉하며 불임이나 자연유산이 많습니다.

눈 사이가 넓으면 이용당하기 쉽습니다.

눈 사이가 좁으면 성격이 불같습니다.

깜박거리는 눈은 머리가 좋고 재주가 좋습니다.

눈썹은 코를 받쳐줍니다.

눈썹의 앞은 가정, 중간은 자신, 끝은 재물을 가리킵니다.

눈썹이 위로 올라가면 주변 사람과의 트러블이 많으며

눈썹이 각이 지면 역시 대인 관계에서 트러블이 잘 일어납니다.

팔자 눈썹은 솔로가 많습니다.

초승달 눈썹은 인기가 많고 화합형입니다.

일자 눈썹은 독선적이며 성관계의 테크닉과 기교가 좋지 못합니다.

눈썹은 음모와 비례합니다.

여자는 생리시 인당 쪽의 눈썹이 일어납니다.

눈썹이 전택궁을 덮거나 상처가 있으면 돈 관리를 못합니다.

전택궁이 높으면 사람이 둔하고 눈치가 없으며

퍼주는 것을 좋아하며 거절을 못합니다.

현찰보다는 문건으로 가지고 있는 것이 좋습니다.

전택궁이 낮으면 현실적인 사람으로 돈 관리를 잘합니다.

상대방이 외로울 수 있습니다.

와잠은 두툼하고 색이 좋아야 건강한 것입니다.

와잠의 색이 좋지 않으면 체력 문제이며 정력이 떨어집니다.

누당은 건강을 알 수 있습니다.

코는 하늘에서 내려오는 공간으로 자기 주체이고 고집입니다.

코가 뾰족하면 신경이 날카롭고 자기주장이 강합니다.

코가 길면 진득한 맛이 없으며 대장도 길어 소화가 잘 되지 않습니다.

코끝이 둥글면 협조를 잘합니다.

코가 크면 자존심도 커서 지는 걸 싫어합니다.

코가 크면 순환작용이 좋아 활동적입니다. (기를 많이 소모)

코가 휘었다면 등이 휜 것입니다. (허리, 등, 뒷목이 자주 아프다)

코가 붉으면 풍이나 신장의 문제입니다. (방광염, 신장, 생식기)

콧구멍이 크다는 것은 배기량입니다.

열심히 살며 쓰임이 많습니다.

콧구멍이 보이면 비밀을 지키지 못하고

콧구멍이 보이지 않으면 내실은 있지만 짠돌이입니다.

입술이 두꺼우면 식욕도 좋고 소화도 잘 시킵니다.

정이 많고 욕심이 많습니다.

입술이 얇으면 인정이 없고 야박하고 독설을 잘합니다.

입술은 질 내부와 같아서 밑의 입술이 두툼할수록 성욕이 좋습니다.

토끼 상들은 도화 쪽이 많습니다.

입술의 문제는 비위의 문제입니다. (위장병)

입술이 삐뚤어졌다면 뱃속에 물이 고여 헛배가 자주 부릅니다.

올라간 입술은 명랑하고 처진 입술은 고독하고 비사교적입니다.

인당이 어두우면 회사를 그만두던지 관재수, 이동수가 생깁니다.

인당에 뭔가 나면 스트레스 화병이 됩니다.

턱은 신장의 문제입니다. (턱에 뾰두라지, 색)

턱은 말년, 자식, 아랫사람, 의지력, 리더십, 인내력을 가리킵니다.

사각턱은 고집, 이중턱은 잔소리꾼을 나타냅니다.

귀가 크고 힘이 없다면 신장의 기능이 약해질 수 있고

허리에 문제가 있을 수 있습니다.

귀가 뾰족하면 사나운 기운입니다.

귀가 일그러지면 변덕이 심합니다.

귀가 붉거나 귓불이 붉으면 유혹에 약하고 색을 좋아합니다.

싫은 내색을 하지 않습니다.

귀가 젖혀진 것은 어릴 때의 고생, 욕심, 고집을 나타냅니다.

귀가 눈 밑에 있으면 대장하고 싶어 합니다.

귀가 눈 밑에 있으면 신장도 밑에 있는 것입니다.

신장이 위에 있다면 등과 척추가 좋지 않습니다.

신장이 밑에 있다면 허리가 좋지 않습니다.

귓구멍은 스케일을 가리킵니다.

귓구멍이 작으면 소심하고 어리석습니다.

귓구멍이 크면 대범하지만 변덕이 심합니다.

성기와 항문이 붙을수록 동물적이고 천하게 됩니다.

앞 성기가 귀합니다.

음모가 엉클어져 있고 짙으면 밝히는 사람입니다.

음모가 없을수록 밝힙니다.

엉덩이가 위로 올라가야 부유하고 삶도 탄탄하고

생식기능이 활발하다는 뜻이 됩니다.

질문자의 말, 대화, 표정에서 답을 찾을 수 있습니다.

관상학에서 유래된 말

미련(尾連): 미련한 사람, 미간이 붙은 사람, 성격이 미련합니다.
　　　　 행운이 들어오는 길을 막으니 불우한 삶을 삽니다.
　　　　 급한 성격, 신경질, 조급, 경솔합니다.
심술보: 광대뼈보다 불살이 더 튀어나온 사람으로
　　　　 남 잘되는 꼴을 못 보고 불평불만과 시비를 잘 겁니다.
노골적: 뼈가 드러난 사람을 가리킵니다.
　　　　 뼈가 드러날 정도로 숨김없고 모든 것을 드러냅니다.
　　　　 노골적인 사람입니다.
　　　　 광대뼈가 돌출되어 있는 사람입니다.
　　　　 권세(사회생활)나 추진력을 가리킵니다.
　　　　 열정이 강합니다.
　　　　 여자의 경우 가정을 먹여 살려야 합니다.
김이 새다: 입을 벌리고 있는 사람입니다.
　　　　 흥이 깨지고 맥이 빠져 싱겁게 끝남을 가리킵니다.
　　　　 기가 빠져나가 건강하지 못하고 지능이 낮으며 소극적입니다.
　　　　 어떤 일이든 추진이 잘되지 않고 김이 샙니다.

어안이 벙벙: 물고기 눈처럼 눈이 튀어나온 사람입니다.

    사물을 제대로 볼 수 없습니다.

    핵심을 모르고 시행착오를 합니다.

    천성과 심성은 착해 남을 해치지 못합니다.

큰 제목이 될 놈: 이마 제(題)·눈 목(目)

    이마와 눈을 보면 제목인지 알 수 있습니다.

    가정교육, 정신상태, 간판입니다.

철이 없다: 계절도 모르는 친구

    세상 물정을 모르고 경제적인 부를 모르는 사람입니다.

배꼽 이야기

옛날에는 남자는 어깨, 여자는 배를 보았습니다.

배꼽은 '신궐'이라 해서 신이 머무르는 대궐입니다.

배꼽에 털이 나면 정력이 좋습니다.

배꼽에 점이 나면 이름이 나며 자식 덕이 있습니다.

배꼽이 좁으면 복이 없다고 합니다.

위로 배꼽이 있으면 적은 노력에도 큰 성과가 있고 애교가 있습니다.

아래로 배꼽이 있으면 돈이 저장되지 않고 풍파가 많습니다.

깊은 배꼽은 하고자 하는 일이 잘 되고 오장이 좋습니다.

깊고 넓으면 부자상이고 자수성가형입니다.

가로 배꼽은 이성에게 인기가 있고 좋습니다.

참외 배꼽은 건강이 약하고 운이 떨어지며 가난합니다.

배꼽이 튀어 나온 사람은 돈을 벌어도 낭비형입니다.

배꼽이 쑥 들어간 사람은 축재형입니다.

배꼽은 일자형이 가장 양호한 상입니다.

일자형은 금전운, 재운, 결혼운이 따르고

원만한 가정 생활로 늘 웃음꽃 피는 생활을 합니다.

배꼽이 큰 사람은 천한 직업군입니다.

배꼽이 작으면서 깊이 패인 사람은 큰 부자가 됩니다.

배꼽이 웃는 듯한 웃음형은 만인의 귀감이 되는 성격을 소유하고 밑으로 처진 배꼽은 울음형입니다.

색기 있는 여자 구별하는 법

색기 있는 눈썹입니다.

일자 눈썹, 수평선 눈썹보다는 반달형 눈썹이 색녀의 조건이 됩니다. 눈썹이 일자와 수평이 아닌 둥글고 반달 모양의 여자일수록 질(膣)(여성의 내성기(內性器)의 하나를 뜻하는 말)의 굴곡이 멋져 강한 섹시함으로 쾌감을 불러일으킨다고 합니다.

반면 눈썹의 모양이 일자의 경우 섹스에 기교가 없고 너무 감성적이고 여성적이라 좋은 여성상은 아니라고 합니다. 요즘은 눈썹을 뽑거나 밀어 버리는 경우가 많아 판별하기에 무리가 있습니다.

색기 있는 눈입니다.

눈꼬리가 올라갈수록 처녀막을 지키려는 의지가 약합니다. 요즘 화장을 하는 여성은 거의 대부분 눈꼬리를 올려서 그리는데 통계에 따르면 눈이 크면서 눈꼬리가 올라간 여성의 경우 섹스를 즐기고 밝히는 타입이라고 하네요. 눈꼬리에 주름이 있고 흰자위가 많은 여성은 남자를 순간적으로 바꾸려는 편력이 심하다고 합니다. 이런 여성의 경우 즐기기에는 적당하지만 사이가 깊어질수록 피곤한 타입의 여성이라고 합니다.

색기 있는 코입니다.

콧등이 필요 이상으로 낮으면 정조가 부족합니다. 콧등이 낮은 여성의 경우 남성에게 타깃 1순위입니다. 이런 여성은 남성의 유혹에 너무 민감한 나머지 지조 없이 쉽게 넘어오는 타입이라 할 수 있습니다. 쉽게 넘어오는 여성의 경우 그 만남의 시간이 지속적이지 못하여 가련한 신세가 되기 쉽습니다. 섹스의 만족도에서는 코에 윤기가 흐르고 오뚝한 콧날을 가진 여성을 택하는 것이 좋습니다.

색기 있는 입술입니다.

여성의 성감을 대변하는 부분이 바로 입술입니다. 입술의 모양과 탄력은 질 내부와 일치하는 경우가 많다고 합니다. 세로 주름이 많고 도톰하면 성감이 매우 예민합니다. 입술을 다물고 있다가 말을 할 때 부분적으로 서서히 떨어지는 입술이면 성적 욕구가 매우 강한 여성이라고 합니다.

입을 다물고 있을 때 아랫입술이 역삼각형이면 섹스를 많이 밝히는 타입입니다. 윗입술보다 아랫입술이 더 넓고 탄력적이면 성감이 매우 풍부하다고 합니다. 윗입술 중앙이 꼭지처럼 볼록하면 섹스에 있어 적극적이라고 합니다.

색기 있는 귀입니다.

최고의 성감대 중 하나가 바로 귀라고 합니다. 귓불이 크거나 붉은색의 여성은 유혹에 많이 약합니다. 얼굴색에 비해서 귓불이 붉은 여성의 경우 섹스를 몹시 밝히는 타입으로 남성의 유혹에 쉽게 넘어온다고 합니다. 이 경우 성격이 너무 좋아 싫은 내색을 하지 않고 상대방에게 이끌려가는 사람이라고 할 수 있습니다.

귀 모양이 일그러지거나 귓구멍이 큰 여성의 경우 남성에게는 조심해야 할 대상입니다. 변덕이 심할뿐더러 이성문제로 구설에 오르내릴 확률이 높다고 합니다. 귓불이 크면 남성에게 사랑을 많이 받는다고 합니다.

'식재관인비'에 따른 오학

눈은 사주명리에서 목(木), 인성(수명)으로 논합니다.

눈이 크면 간이 콩알만 해졌다? 깜짝깜짝 잘 놀랍니다.

간담이 허해서 무서움을 잘 탑니다.

마음이 약해 결단력이 부족하고 끈기가 없습니다.(유혹에 약합니다)

우유부단하고 지조가 약합니다.

정조관념 없습니다.

남들에게 아부를 잘합니다.

눈이 작으면 보이는 것이 적기에 한 가지에 전념합니다.

신중형, 관찰력이 좋습니다.

눈꼬리가 처지면(금극목) 대변, 설사의 문제입니다.

눈꼬리가 올라가면 성격이 예민하고 감정 기복이 큽니다.

신경성 질환을 말합니다.

눈꼬리가 올라가면 지구력과 인내력이 좋습니다.

눈이 푹 들어가면 비위의 문제입니다.(위장병)

추위를 잘 타고 몸이 냉하며 불임이나 자연유산이 잘됩니다.

눈 주위가 어두우면 곧 재난이 온다는 뜻입니다.

눈 사이가 넓으면 이용당하기 쉽습니다.

눈 사이가 좁으면 성격이 불같습니다.

깜박거리는 눈은 머리가 좋고 재주가 좋습니다.

눈썹은 사주명리에서 비견, 겁재로 논합니다.

눈썹 앞은 가정, 중간은 자신, 끝은 재물을 가리킵니다.

눈썹은 코를 받쳐주는 역할을 하고

지붕 같은 역할을 하기에 중요한 역할을 합니다.

눈썹이 각이 지면 트러블이 잘 일어납니다.

여자는 생리 시 인당(눈썹과 눈썹사이) 쪽의 눈썹이 일어납니다.

인당에 뭔가 나면 스트레스와 화병입니다.

눈썹이 위로 올라가면 주변 사람과의 트러블이 잘 일어납니다.

팔자 눈썹은 솔로가 많습니다.

초승달 눈썹은 인기가 많고 화합형입니다.

일자 눈썹은 독선적이고 성관계의 테크닉이 좋지 못합니다.

코는 사주명리에서 금(金), 재성(재물)으로 논합니다.

코는 하늘에서 내려오는 공간으로 자기 주체이니 고집입니다.

코가 길면 진득한 맛이 없습니다.

코가 길면 대장도 길어 소화가 잘 되지 않을 수 있습니다.

코끝이 둥글면 협조를 잘합니다.

코가 뾰족하면 신경이 날카롭고 자기주장이 강합니다.

코가 크면 자존심도 커서 지는 걸 싫어합니다.
코가 크면 순환작용이 좋아 활동적입니다.(기를 많이 소모)
코가 휘었다면 등이 휜 것입니다.(허리, 등, 뒷목이 자주 아프다)
코가 붉으면 풍이나 신장에 문제입니다.(방광염, 신장, 생식기)
콧구멍이 크면 배기량이 큰 것으로 열심히 살고 쓰임이 많습니다.
콧구멍이 보이면 비밀을 지키지 못하고
콧구멍이 보이지 않으면 내실은 있지만 짠돌이입니다.

입은 사주명리에서 육친상 식신, 상관으로 오행상 화(火)를 가리킵니다.
입술은 비위의 문제입니다.(위장병)
입술이 얇으면 인정이 없고 야박하며 독설을 잘합니다.
입술이 두꺼우면 식욕이 좋아 소화를 잘 시키고
정이 많으나 욕심이 많습니다.
올라간 입술은 명랑하고 처진 입술은 고독하고 비사교적입니다.
입술이 삐뚤어졌다면 뱃속에 물이 고여 헛배가 자주 부릅니다.

귀는 사주명리에서 관성(콧방울, 인중, 지혜)으로 논합니다.
귀가 크고 힘이 없다면 신장기능이 약할 수 있고
허리에 문제가 있을 수 있습니다.
귀가 뾰족하면 사나운 기운입니다.
귀가 젖혀진 것은 어릴 때 고생, 욕심, 고집입니다.
귀가 눈 밑에 있으면 안정되고 대장하고 싶어 합니다.

귀가 눈 밑에 있으면 신장도 밑에 있는 것입니다.

신장이 밑에 있으면 허리가 좋지 않습니다.

귀가 눈 위에 있으면 생활고에 쫓긴답니다.

신장이 위에 있으면 등과 척추가 좋지 않습니다.

귓구멍은 스케일을 가리켜 귓구멍이 작으면 어리석습니다.

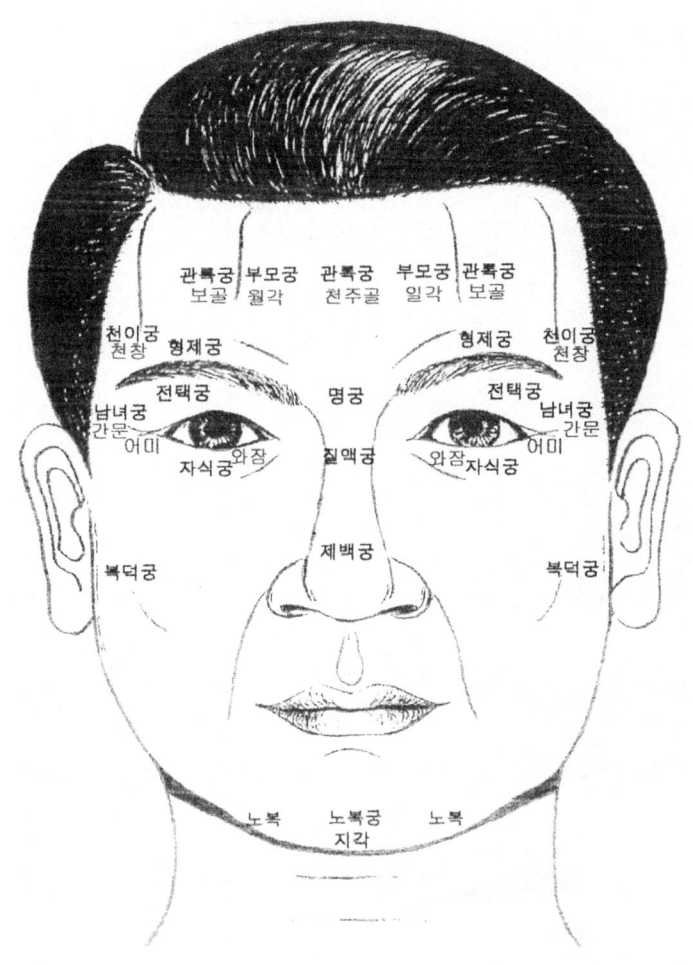

미인의 기준

세 가지가 검어야 하고 세 가지가 희어야 합니다.
세 부분이 작아야 하고 세 부분이 붉어야 합니다.
세 부분이 길어야 하고 세 부분이 짧아야 합니다.
세 부분이 넓어야 하고 세 부분이 좁아야 합니다.
세 부분이 두꺼워야 하고 세 부분이 얇아야 합니다.

3흑(黑): 눈동자, 속눈썹, 머리카락은 검어야 하고
3백(白): 살결, 치아, 손은 희어야 하고
3소(小): 유두, 코, 머리는 작아야 하고
3홍(紅): 입술, 볼, 손톱은 붉어야 하고
3장(長): 목, 머리, 팔, 다리는 길어야 하고
3단(短): 치아, 귀, 발 길이는 짧아야 하고
3광(廣): 가슴, 이마, 미간은 넓어야 하고
3협(狹): 입술, 허리, 발목은 가늘어야 하고
3후(厚): 엉덩이, 허벅지, 유방은 두터워야 하고
3세(細): 손가락, 목, 콧날은 가늘어야 합니다.

관상학적 쌍꺼풀 수술

눈은 관상학적으로 가정을 가리키는 부위입니다.

눈은 해와 달이라고도 표현해서 애정궁을, 눈썹은 형제나 주위 사람을, 눈 밑은 와잠이라고 하여 건강을 가리키는 민감한 부위입니다. 그래서 쌍꺼풀 수술을 하면 가정궁을 건드렸기에 집안에 우환이 6개월 안에 생길 수 있다고 합니다.

나이로 보는 쌍꺼풀 수술의 의미로, 거론하는 나이는 양력입니다.
- 19세에 하는 쌍꺼풀 수술은 훗날 자식을 낳아 기르는데 매우 불길하고,
- 22세에 하는 쌍꺼풀 수술은 애정궁에 문제가 발생하고,
- 25세에 하는 쌍꺼풀 수술은 남편이 미워지거나 남자의 지휘가 낮아지고,
- 28세에 하는 쌍꺼풀 수술은 하는 일이 중도에 자꾸 무산되는 장애가 발생되고,
- 29세에 하는 쌍꺼풀 수술은 의식주와 애정사에 문제가 발생하고,
- 31세부터 35세에 하는 쌍꺼풀 수술은 눈썹의 영향권에 들어가므로 건강적으로 매우 불리하고,

- 36세부터 40세에 하는 쌍꺼풀 수술은 관상학적으로 눈을 가리키는 시기여서 배우자에 문제가 발생하고,
- 45세부터 46세에 하는 쌍꺼풀 수술은 애정과 배우자와 심한 풍파를 의미하고,
- 48세부터 50세에 하는 쌍꺼풀 수술은 자식 덕의 감소를 의미하고,
- 50대 이후는 자식과 남편에게 크게 악영향을 미치는 시기입니다.

관상학에서는 이렇듯 각 부위별로 나이에 따라 문제가 발생하는 시기가 있습니다.

인중 이야기

인중은 입으로 전달되는데 입을 대하, 큰 바다라고 본다면
기운을 큰 바다로 넘겨주는 곳입니다.
인중의 가로 주름은 자식과의 인연이 약하다고 보며
세로 주름은 신체가 허약한 자식으로 봅니다.
그래서 인중은 수명과 자손을 가리킵니다.
자식이니 생식기로 봐도 됩니다.
좁고 밋밋한 인중은 생식기의 문제로 자식 출산이나 자식덕이 약합니다.
일직선으로 쭉 뻗은 인중은 식욕이 좋고 가정생활이 순조롭습니다.
경사진 인중은 건강 상태는 양호하지만
삶에 불만과 허영심과 사치가 많을 수 있습니다.
아래로 향하며 좁아지는 인중은 느긋하나 심장기관이 좋지 않고
아래로 향하며 넓어지는 인중은 다양한 직업군에 종사하며
또한 인중 옆에 주름이 있을 것입니다.

입 관상 이야기

　입은 말년을 가리키는 부위로 입술이 붉기에 오행상 화기를 나타내며 물을 가두고 있는 곳입니다. 그래서 출납관이라고 부릅니다. 만약 입 주위에 뾰두라지가 났다면 출납관의 문제로 돈 문제, 돈 나갈 일이 생긴다고 말을 합니다.

　입술 색깔이 변했다면 오행상 화기의 문제로 심장과 소장에 문제가 생긴 것입니다. 입을 사주에서는 십신 중 식상으로 논하는데 남에게 베푸는 힘, 나의 활동력으로 봅니다.

　입을 특징적으로 보면 큰 입은 활동적이고 적극적이며 주변 사람의 덕을 논할 수 있고 식욕이 좋아 비만에 걸리기 쉽습니다. 작은 입은 대체로 소극적이며 미적 감각이 뛰어나고 좋은 가정 환경에서 자라나 남에게 의지하려는 경향이 강합니다.

　산 모양의 입은 열심히 일하는 노력형이며 고집이 강합니다. 사각형 입은 봉사 정신이 있고 사람들에게 인기가 좋으며 서비스업에 좋습니다.

　치아가 보이는 입은 주위로부터 인정을 받고 리더십은 강하나 부모덕은 별로 없습니다.

　위로 올라간 입꼬리는 많이 웃은 입으로 성실하고 긍정적인 마인드와 윗사람 덕이 많고 인덕이 있습니다. 아래로 처진 입꼬리는 많이 웃지 않은 입으로 어릴 적에 칭찬을 받지 않고 자란 입입니다. 건강에 취약하고 비위가 약하므로 과식하지 말아야 합니다.

  두툼한 입술은 정이 많고 얇은 입술은 합리적이고 논리적이며 대체로 냉정합니다. 위아래 입술이 비슷하면 유혹에 약하고 노력형입니다. 윗입술은 주고자 함이고 아랫입술은 받고자 함입니다.

입이 큰 여자 이야기

　사람은 태어날 때 각자 자신만의 특성을 가지고 태어납니다. 일반적으로 입이 큰 여자들은 활동적인 체질을 가지고 태어납니다. 사회 활동에 대한 의욕이 몹시 강하고 모든 일에 적극적입니다. 큰 사업을 하는 사람은 상대적으로 입이 큽니다. 결혼한 후에도 사회 활동을 할 수밖에 없습니다. 사회 활동이 왕성한 분들을 관찰해보세요. 예외 없이 입이 큰 것을 볼 수 있습니다. 입은 음식을 먹는 기관이지만 관상에서는 출납관이라 하여 금전의 출납을 관여하고 있습니다. 입이 작은 사람은 음식을 적게 먹지만 입이 큰 사람은 음식을 더 많이 먹습니다. 그러므로 입이 큰 사람은 더 많은 활동을 해야 먹고 살 수 있습니다.

　사람 얼굴에서 움직이는 부위는 눈과 입입니다. 움직인다는 것은 음양으로 구분하면 양의 기운입니다. 여자가 입이 크다는 것은 양기를 나타내는데 양기를 나타내는 부위가 크다는 것은 밥 먹고 사는데 지장이 없고 뭔가에 재능이 있다는 것을 나타냅니다. 그래서 실제적으로 입이 큰 여자들이 재운이 좋은 편입니다. 지금은 기혼 여성들의 사회 활동이 이상할 것 없지만 결혼한 여자란 본래 전업주부가 제자리입니다. 그러나 입이 큰 여성은 타고난 체질 때문에 집안에 얌전히 들어앉아 있을 수가 없습니다.

부지런히 초등학교 학부모회에도 나가야 하고 친구들 모임에서는 장이라도 해야 직성이 풀립니다. 바람기가 있는 것과는 차이는 있습니다.

예전에 입이 큰 여자는 집안에 가장 같은 사람이라 하였습니다. 식구들을 먹여 살려야 하니 그렇습니다. 작은 입을 가진 여자는 활동력이 크지 않기에 활동적이고 대중적이기보다는 움직임이 작고 음적입니다. 만약 입이 작은 여자들이 외출이 잦다면 뭔가에 꽂힌 분들입니다.

발가락 이야기

　발에 대해 논해 보겠습니다. 인체를 음양으로 크게는 상체와 하체로 나누고 작게는 부위마다 나눕니다. 얼굴도 음양으로 나누고, 손가락도 목화토금수라 하여 한 손가락씩 나눠 오행적으로 맡은 일이 있고, 5개의 발가락도 오행적인 기운이 있습니다.

　엄지발가락은 머리와 간과 연결되어 있습니다. 엄지발가락에 반점이나 잡다한 것이 생겼다면 뇌에 이상이 생겼다는 신호입니다. 스트레스나 머리 쪽에 이상이 생기고 있다고 보면 됩니다. 과음으로 간에 이상이 생길 경우 엄지발가락 색이 변하고 엄지발가락 부위가 쉽게 부어오르기도 합니다. 엄지발가락의 뒤쪽은 배와 관련이 있어 이 부위를 자극하면 배의 통증이 사라지고 가스 소통에 매우 효과적입니다. 두통이나 어깨와 목이 결릴 때 이 부위를 자극하면 증세가 호전됩니다. 매일 엄지발가락 부위를 5분가량 마사지하고 발바닥 전체를 4~5초씩 3~5회 지압하면 고혈압 예방에 큰 도움이 된다고 합니다.

　둘째 발가락은 위와 소화기관과 연결되어 있습니다. 둘째 발가락 끝이 퉁퉁 붓거나 주름이 접히면 위에 이상이 생겼다는 신호입니다. 변비, 당뇨, 코 막힘, 눈의 피로와도 연결되어 있습니다. 식중독에 걸렸을 때 둘째 발가락의 목 부분을 문질러 주면 효과가 크다고 합니다.

셋째 발가락은 심장과 연결되어 있습니다. 셋째 발가락을 자극하면 순환계의 움직임이 좋아지고 가슴이 두근거리거나 숨이 차는 증상이 호전된다고 합니다.

넷째 발가락은 담낭과 연결되어 있습니다. 소화기능 저하나 배에 가스가 찼을 때, 수영하다 장딴지에 쥐가 나고 손발이 저릴 때 넷째 발가락을 문지르고 당겨 주면 매우 효과가 좋다고 합니다.

새끼발가락은 신장, 방광과 연결되어 있습니다. 신장이나 방광에 문제가 생겼을 경우 새끼발가락을 문질러 주면 빠른 시일에 효과를 볼 수 있습니다. 또한 새끼발가락은 작은 뇌라고 불릴 정도로 뇌와 많이 연결되어 있어 시험공부나 장기간의 정신 활동 후에 자극해 주면 피로 회복에 좋다고 합니다.

IV
수상학 이야기

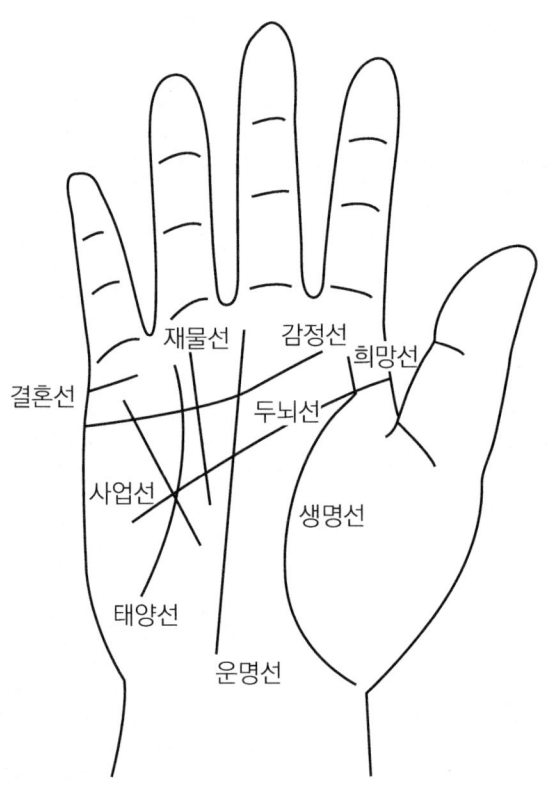

손의 모양으로 판단

양(陽): 손이 작다, 손가락이 짧다(외향적, 활동적), 약지가 길다,
　　　　금성구, 월구 발달
음(陰): 손이 길다, 손가락이 길다(내향적, 소극적), 검지가 길다
양(陽): 아들, 명랑, 외향, 적극, 자신감, 자만심, 리더십, 단순, 조급
음(陰): 딸, 침착, 차분, 인내심, 물질적, 소극적, 방어적, 피동적

손이 크면 손재주, 세심, 꼼꼼, 참모형, 내향적이고
손이 작으면 대범, 리더형, 외향적이라 남 밑에 못 있습니다.
손가락이 길면 내향적, 정신적이고
손가락이 짧으면 외향적, 육체적입니다.
손바닥이 두꺼우면 활동적이고 실행력이 좋고
손바닥이 얇으면 체력이 약하고 소극적이나 부지런합니다.
털이 없으면 신경질적이고 털이 많으면 외향적이고 급합니다.
손가락 끝이 삼각형(음)이면 공상가이며 상관적인 기질이 강하고
냉정하며 개성이 뚜렷하고 변덕이 심하며
예술, 예능적인 기질이 강합니다.

손가락 끝이 둥근형(양)이면 활동가적 기질이 있고
두루뭉술하나 눈치가 빠르며 융통성이 있습니다.
손가락 끝이 쭈글쭈글하면 건강상 좋지 않습니다.
손가락이 벌어지면 정신적이고 신중하나 소극적입니다.
잔손금이 많으면 신경이 예민, 섬세, 정확하고
머리 쓰는 직업에 적합합니다.
잔손금이 없으면 단순 노동형입니다.
손톱이 둥글면 사교적이고 기분파이며
손톱이 세모면 까칠하고 독특한 성격이고
손톱이 길면 음으로 체질이 약하고
느리고 느긋하여 원만하고 낙천적입니다.
손톱이 짧으면 양으로 급하고 냉정하며 현실적이고 노동형으로
거칠, 단순, 무식하나 체력은 강합니다.
손톱색이 탁하면 생리불순입니다.
손톱의 가로줄은 신경성입니다.
손톱의 흰 반점은 건강상 좋지 않고 예민하지만 행운을 가리킵니다.
관절이 굵으면 현실적, 신경질적, 이성적입니다.
관절이 부드러우면 성격이 부드럽고
감성적, 미적 감각, 직감이 좋습니다.
지문이 둥글면 양이고 강합니다. (급하고 고집이며 명예욕입니다)
지문이 파도 모양이면 음이고 약합니다. (감성적입니다)
지문이 산 모양이면 정직하고 신사답게 살기를 원합니다.

손을 벌리고 있으면 추진력과 결단력이 부족합니다.

손을 숨기면 비밀이 많고 음성적입니다.

손을 쓰다듬는 사람은 아부형이고 상대방의 마음을 잘 압니다.

뒷짐을 지고 있으면 신중한 사람이며

주먹을 쥐고 있으면 결단력이 좋습니다.

엄지는 나, 자신감, 리더십, 적극성을 나타냅니다.

엄지가 짧으면 기술자, 운동가, 자수성가, 융통성이 없고
고집이 셉니다.

엄지가 뒤로 젖혀지면 사교성, 부드러움, 융통성이 있습니다.

손을 그냥 폈을 때 엄지가 많이 휘면 성질이 강합니다.

엄지(금성구)가 잘나면 욱하는 기질, 대장 기질이 있습니다.

엄지는 잘났는데 소지가 못나면 자기는 잘한다고 하는데
결실이 약합니다.

검지는 직장생활자이고 내성적이며 내근직이고

검지가 휘면 직장생활이 쉽지 않습니다.

중지는 기억력으로 건망증, 치매, 내향성을 나타냅니다.

약지는 상관성으로 예술, 예능, 재능, 신경과민을 나타냅니다.

약지는 활동성이고 외향적이며 외근직이고

약지가 휘면 표현력이 부족합니다.

소지는 재성을 나타냅니다.

손바닥 색깔

담홍색: 건강합니다. 혈액 순환이 좋습니다.

빨간색: 다혈질이고 혈압이 높습니다. 정력과 활력이 좋습니다.
　　　　손가락 끝이 붉으면 지금 피가 몰려 있다는 것입니다.
　　　　열이 차 있습니다. 급하게 추진하면 안 됩니다.

노란색: 피곤에 지쳐있는 것입니다.
　　　　스트레스, 신경질, 소심, 공상, 과로입니다.

검은색: 사고 수, 장애, 소화기 계통의 문제입니다.

창백: 결단력이 부족합니다. 빈혈, 변덕입니다.

손가락 이야기

손가락도 오행적인 기운으로 나눌 수 있는데 손금이 아닌 역학적인 관점에서 논해 보겠습니다.

엄지는 오행으로 금(金)이며 장부로는 폐와 대장을 나타냅니다.
우두머리를 상징하며 엄지손가락의 기운이 잘 발달된 사람은 언제나 자신이 넘치고 강건합니다. 욕심도 장난 아니겠죠. 특히 재물 욕심이 대단합니다. 엄지는 금기여서 힘을 상징하는데 폐가 숨을 쉬는 곳으로 코하고도 연관이 있어 코가 막혔을 때 엄지손가락을 누르면 코가 뻥 뚫릴 수 있습니다. 우리가 일반적으로 주먹을 쥘 때 무의식적으로 엄지손가락을 안으로 숨기는 사람이 있죠. 이런 경우는 자신감이 없고 매사 뒤처지려 하는 성격일 가능성이 높습니다. 엄지가 다른 손가락에 비해 약해 보이면 폐와 대장이 약합니다.

검지는 오행으로 목(木)이며 장부로는 간과 담을 나타냅니다.
항상 자신감과 의욕이 넘치고 남을 삿대질로 지적할 때 씁니다. 검지가 잘생기면 너무 날카롭고 빠릿빠릿하기에 살이 잘 찌지 않습니다. 살 빠지게 하는 손가락에 해당되므로 살을 빼고 싶다면 검지를 눌러주세요. 검지가 잘생기면 머리 회전이 비상합니다. 잔머리를 쓰고 싶다면 검지를 눌러주세요. 검지는 목(木)기이기에 바람과도 연관 짓는데 검지가 떨린다면 풍기가 오고 있다고 봅니다.

중지는 오행으로 토(土)이며 장부로는 비위를 나타냅니다.
자존심과 리더십을 가리키고 마음 씀씀이를 가리키는 심보를 나타냅니다. 기억의 저장 창고인 심포 경락이 지나가기 때문에 건망증이 있는 분들은 중지 맨 위 손가락을 눌러주면 좋습니다.

약지는 오행으로 화(火)이며 장부로는 심장을 나타냅니다.
명예욕을 가리키고 타인과의 경쟁과 질투, 비교를 가리킵니다. 사랑의 심장 경락이 지나가기 때문에 손발이 찬 사람이 약지를 눌러주면 좋고 열이 많은 사람이 약지에 반지(금)를 끼면 혈압이 조절된다고 합니다.

소지는 오행으로 수(水)이며 장부로는 신장, 방광, 자궁을 나타냅니다.
새끼손가락인 소지는 피와 관계된 소장 경락이 지나므로 빈혈이나 출혈이 있는 사람이 새끼손가락을 눌러주면 좋습니다. 코피가 잘 나는 사람도 여길 눌러주면 역시 좋습니다.

어느 손가락이 다른 손가락에 비해 작다면 그 기능이 약한 것입니다. 오행적으로 손가락을 논해 보았습니다.

손의 모양으로 보는 성향 분석

관상도 그렇지만 손금에서도 음양이 먼저입니다.

손의 모양으로 양의 손인지? 음의 손인지?를 먼저 결정해야 합니다.

손이 크다? 작다? 길다? 짧다?로 먼저 음양을 구분해야겠죠.

음양의 큰 틀은 이렇습니다.

음은 딸이고 침착합니다. 물질적이고 인내심이 있습니다.

차분하고 소극적이고 피동적이며 방어적입니다.

양은 아들이고 명랑합니다. 외향적이고 조급하며 적극적이고

자신감과 리더십을 가리키나 자칫 자만심이 될 수도 있습니다.

손이 크고 손가락이 길면 음의 손입니다.

음의 성향은 내향적이며 소극적이라

검지가 길면 음의 성향이 강합니다. 검지는 둘째 손가락입니다.

손이 작고 손가락이 짧으면 양의 손입니다.

양의 성향은 외향적이며 활동적이라

약지가 길면 양의 성향이 강합니다. 약지는 넷째 손가락입니다.

이것이 손금에서 가장 기본입니다.

관상에서 목소리와 체격 등 겉모습을 중요하게 보듯

손금도 마찬가지입니다.

손이 크면 손재주가 좋고 세심하며 꼼꼼하고 내향적 성향으로
참모형에 더 어울리고

손이 작으면 대범하고 리더형이 많고 외향적 성향으로
남 밑에 있는 걸 싫어합니다.

손가락이 길면 내향적이고 정신적인 일을 잘할 수 있고

손가락이 짧으면 외향적이고 육체적인 일에 잘 어울립니다.

손바닥이 두꺼우면 활동적이라 실행력이 좋습니다.

손바닥이 얇으면 체력이 약하고 소극적이나 부지런합니다.

태양구는 재능, 다재다능, 표현력, 인기를 가리키고

목성구는 지도력, 권세, 명예, 자기 잘난 맛이 있다고 봅니다.

솔로몬의 링은 전문가를 가리키는 줄로 야심가입니다.

토성구는 이해력, 사리 분별을 가리키고

금성구는 열정과 육체적 사랑을 가리킵니다.

수성구는 사주명리에서 재성을 가리킵니다.

구에 있는 잔줄은 소비성과 낭비성을 가리킵니다. (특히 소지, 약지)

중지에 줄이 있으면 자기 자랑을 잘합니다.

월구는 인기와 미하고 관련 있으며 종교심리를 가리키고

월구의 선은 인기, 총명, 애교가 있음을 가리킵니다.

월구의 발달은 다리, 힘, 외국, 성기능, 외부 사람의 덕을 논하는데

월구가 발달되면 공상, 상상이 많고

정신적 사랑을 추구하는 사람이 많습니다.

모든 선은 직선이 좋지 않습니다.

생명선이 직선이면 허약 체질이며 면역력과 성욕이 좋지 않습니다.

생명선이 짧으면 노동일이 힘듭니다.

생명선 처음 시작하는 곳이 복잡하면 초년덕이 없습니다.

생명선에서 손가락 쪽으로 내려가는 선을 행운선이라고 합니다.

생명선이 밑에서 출발하면 트러블이 많은 사람이며
자기주장이 강합니다.

생명선 안에 있는 선들은 도화살 역할을 하며
전부 이성 문제나 주변 사람으로 인한 스트레스입니다.

감정선은 사주명리에서 식신, 상관을 말하며 희로애락을 가리킵니다.

감정선이 지랄 같으면 감정 기복이 심하고 애정 왜곡이 많습니다.

감정선이 직선이면 간섭 받는 것과 남 밑에 있는 것을 싫어하여
직장생활이 어렵습니다.

직설적이며 융통성이 없고 친화력이 부족하고
매우 현실적인 사람입니다.

감정선이 짧으면 감정이 메말랐고 냉정하고
인간미가 부족하며 극단적입니다.

감정선이 많이 끊기면 애정 결핍이 있는 사람으로 변덕이 심하고
한 사람에게 만족 못하기에 바람을 잘 피웁니다.

감정선이 검지로 가면 남 눈치를 잘 보고

감정선이 중지로 가면 자기위주입니다.

감정선이 두뇌선과 붙으면 즉흥적이고 예민합니다.

감정선이 생명선을 치고 올라가는 것은 우울증으로 보고
환난, 부모 문제로도 봅니다.
감정선이 곡선으로 길면 다재다능하고 상대방을 잘 배려합니다.
감정선이 두 개면 두 집, 이중생활을 합니다.
감정선에 지선이 많으면 상처를 잘 받는 사람입니다.
모든 선은 곡선이 좋습니다.
두뇌선은 공부, 인성을 가리킵니다. (약지를 중심으로)
정신적이냐 물질적이냐를 판단하며
두뇌선이 생명선과 떨어져 시작하면 부모와 별거하거나
초년에 부모와의 인연이 약하게 되나 독립심이 강하고 리더십이 있어
구속 당하길 싫어하고 남들 앞에 나서는 것을 좋아합니다.
두뇌선이 길면 직장생활이 맞으며
지적이어서 학자나 선생님이 많습니다.
두뇌선이 생명선 안에서 출발하면 참을성이 없으며
남들과 다툼이 많고 상식에 벗어난 행동을 하게 됩니다.
두뇌선이 검지에서 출발하면 군, 검, 경찰이 많습니다.
수성구 쪽으로 휘면 매우 현실적인 사람입니다.
월구로 가면 매우 공상적이고 정신적인 사람으로
자기만의 세상을 추구하게 됩니다.
두뇌선이 짧으면 매우 현실적인 사람이고
정신적 스트레스가 많으며 즉흥적입니다.
두뇌선이 두 갈래면 투잡을 하게 되고

두뇌선이 끊기면 정신적 충격을 받은 사람입니다.

두뇌선이 잘못되면 정신적 문제, 뇌의 문제로 정신적인
스트레스를 가지고 살기에 정신이 안정되지 못하고 변덕스럽습니다.

두뇌선과 감정선이 겹치면 애정 문제에 왜곡이 있습니다.

두뇌선 밑의 잔줄은 현실적이고,
위의 잔줄은 정신적이고 몰입을 잘합니다.

운명선은 사주명리로는 대운으로 봅니다.

운명선은 활동력이 없는 사람에게 잘 나타나는데
활동력이 많은 사람이 운명선이 있다면 엄청 열심히 사는 사람입니다.

운명선에 나뭇가지들은 좋은 것으로 삼지창은 부귀, 인기가 있습니다.

운명선 끝이 두 갈래면 삼천포로 빠질 수 있습니다.

운명선이 있는 여자는 팔자가 세다고 합니다.

운명선이 긴 여자는 한 남자랑 살지 못한다고 보면 됩니다.

모든 선은 출발점과 끝지점이 중요합니다.

금성구에서의 출발은 집안의 도움을 받으며 살아가고
월구에서의 출발은 인기와 미적 감각이 좋습니다.

월구에 선이 있어야 예체능을 잘하고 미적 감각이 있는 사람입니다.

검지와 약지 사이의 줄은 의학선이라고 합니다.

태양구의 잔줄은 뜬구름을 잘 잡는 사람입니다.

금성대는 뚜렷해야 좋고
도화살로 보아 성적 매력과 예민하고 사랑받길 원하는 사람입니다.

토막난 만큼 흥분을 잘하고 히스테리, 신경질적입니다.

금성대 안에 금성구는 성적인 공상을 합니다.

수경선은 많을수록 좋습니다.

수경선 첫선 가운데가 볼록 올라오면 결혼을 못한다고 보고

건강도 좋지 않다고 봅니다.

또한 첫선이 좋지 않으면 자식문제가 있습니다.

수경선이 끊어지면 좋지 않은데

새끼손가락 부분이면 초년, 중간이면 중년이 좋지 않습니다.

수경선이 두 개가 붙으면 두 집 살림이며

자손과 건강이 좋다고 봅니다.

검지 밑에 링 모양인 솔로몬의 링은 전문가를 가리킵니다.

재정선은 소지를 중심으로 보면 됩니다.

재정선은 감정선 밑에서 소지 쪽으로 올라가고

건강선은 감정선에서 생명선으로 올라가는 것을 가리킵니다.

방종선은 스트레스 선을 가리키는데 불규칙적인 삶,

머리 아픈 일이 있다고 봅니다.

결혼선이 2개면 2번 결혼하며

결혼선이 두 갈래면 각방을 쓰거나 별거, 헤어져 살 수 있습니다.

손톱 건강

☞ 손톱의 색깔

사람의 첫인상에 가장 먼저 얼굴색(色)을 보듯이 손톱도 색을 통해 쉽게 건강 상태를 파악할 수 있습니다. 손톱이 흰빛을 띠고 윤기가 없을 경우 소화 기능, 비뇨 생식 기능이 약합니다. 흔히 말하는 원기가 없고 기가 허한 경우나 만성적인 질환을 앓고 있는 경우에 잘 나타납니다. 빈혈이 있는 경우에도 손톱의 붉은 기운이 사라집니다. 색이 희면서 구멍이 난 것처럼 함몰되어 있는 경우에는 간질환을 의심해야 합니다. 간은 인체의 화학 공장이라는 말이 있듯이 간의 기능이 떨어지면 만성 피로가 나타나고 얼굴에 윤기가 없고 손톱에 충분한 영양을 공급할 수 없어 함몰되는 경우가 많습니다.

☞ 손톱의 모양과 무늬

어떤 질환이든지 만성화되면 몸에 변화가 옵니다. 손톱의 모양이 변형될 정도면 질환이 매우 오랫동안 지속되었고 고질적이라는 증거입니다.

어린이의 손톱은 윤기가 나고 붉으며 세로줄과 가로줄이 없지만 나이가 들수록 사람의 손톱에 세로줄과 가로줄이 나타나는데 특히, 소화기가 좋지 않거나 심장, 간장이 좋지 않은 사람에게 더욱 심하게 나타납니다.

☞ 손톱이 쉽게 부러지는 경우

빈혈이 있거나 간과 내분비선의 장애가 의심되는 경우입니다. 손톱에 영양공급이 잘되지 않을 때 부러지게 되는데 만성적 빈혈이 있는 사람은 말초에 충분한 영양 공급이 이뤄지지 않아 손톱이 쉽게 부러집니다.

☞ 손톱의 세로 주름

손톱의 세로 주름은 누구나 가지고 있는 것으로 특히 나이가 들면 들수록 심해집니다. 이는 동맥 경화가 진행되고 있다는 신호입니다.

☞ 손톱이 휘거나 패인 경우

빈혈을 의심해야 합니다. 손톱이 숟가락과 같이 위로 뒤집히는 원인은 철 결핍성 빈혈에서 옵니다.

☞ 손톱이 둥글게 말린 경우

폐질환을 의심해야 합니다. 손톱이 둥글게 말리면서 손가락 끝이 곤봉처럼 둥글게 말린다면 체내의 산소 부족을 의미하는 것으로 폐질환이 있을 가능성이 높습니다.

☞ 손톱을 눌러 본다

누른 부위가 희게 되었다가 손을 떼면 곧바로 붉은빛으로 돌아와야 합니다. 만일 붉은빛으로 돌아오지 않거나 돌아오는 속도가 늦는다면 건강이 나쁜 경우가 많고 대체로 어혈이 있거나 몸의 어딘가의 기가 막혀 있다고 볼 수 있습니다. 돌아오는 속도가 늦을수록 건강 상태가 좋지 않습니다.

☞ 손톱으로 건강 감정하기

건강한 손톱은 담홍색으로 윤택하며 주름과 흠이 없어야 합니다. 손톱 밑에 하얀 반달은 있어야 하며 손톱 양옆이 모나지도 너무 둥글지도 않고 살집을 파고들지 않아야 합니다. 만약 손톱이 작고 위축되어 있다면 신경과민, 영양 장애에 의한 전신 쇠약으로 판단합니다. 엄지손톱이 이런 경우 뇌와 신경계 질환에 걸리기 쉽고 새끼손톱이 이런 경우 생식능력 결여로 불임증이 되기 쉽습니다. 여성 불임증이나 임포텐츠의 경우에는 대개 새끼손톱이 그렇습니다.

손톱이 얇고 연하고 무르면 정력이 부족합니다. 손톱에 두터운 층이 생겼으면 중병을 앓았거나 혈액 장애가 있었다는 증거입니다.

손톱이 말랑말랑한 경우는 칼슘이 부족한 상태이거나 체력이 약하다는 증거입니다. 청색의 반점이 보이는 경우는 통증이 심한 사람에게 나타나고 세로 홈이 있는 손톱은 과로한 상태이거나 정신적으로 지쳐있을 때 나타납니다. 가로 홈이 있는 손톱은 과거에 큰 병을 앓았다는 증거입니다.

V
풍수 이야기

땅과 물

풍수를 이야기하기 전에 가장 큰 틀을 먼저 논해보겠습니다.

큰 땅은 대륙이라고 합니다.

작은 땅은 섬이라고 합니다.

볼록 튀어나온 땅을 반도라고 합니다.

높은 땅을 산이라고 말하며, 산들이 많으면 산맥이라고 합니다.

모래만 있는 땅을 사막이라고 합니다.

물은 소금이 있는 물을 바다라고 하며

소금이 없는 물을 강, 호수라고 합니다.

지구는 오대양 육대주라고 합니다.

오대양은 오(五), 큰 대(大), 바다 양(洋) 5개의 큰 바다라는 뜻입니다.

북극해, 대서양, 태평양, 인도양, 남극해를 말합니다.

육대주는 육(六), 큰 대(大), 물가 주(洲)로 여섯 개의 큰 섬을 말합니다.

아시아, 유럽, 아프리카, 북아메리카, 남아메리카, 오세아니아를

가리키며 지구를 기준으로 봤을 때 대륙들은 다 섬이랍니다.

고담의 풍수 이야기

풍수에서 물은 발복과 운세를 보는 중요한 요소입니다. 그래서 물이 있는가? 없는가?를 논하고 물이 나를 감싸는지를 봅니다. 물이 내 집 앞이나 우리 동네를 활처럼 싸고도는 것을 궁수라고 표현하는데 쉽게 우리는 어려운 말 쓰지 않고 간단하게 역수라고 표현합니다. 산도 앞과 뒤가 있듯 물도 앞과 뒤가 있다고 생각하면 됩니다.

산은 배면이라고 하는데 물은 궁수와 반궁수로 표현합니다. 산도 감싸는 곳이 앞이고 등 쪽을 배면이라고 하는데 사는 환경을 보면 천지 차이가 납니다. 물이 나를 배척하 듯 등을 돌리며 흘러가는 것을 반궁수라고 합니다. 같은 물이라도 물이 나를 돌아보지 않고 무정하게 도망치듯 직진으로 빠져나가는지를 봐야 하고, 갈 지(之)자나 검을 현(玄)자 같은 모양으로 구불구불 느리게 느리게 내 앞을 흘러가야 좋은데 이런 물을 '조수국'이라 합니다.

또 물의 양이 얼마나 많은가도 봐야 합니다. 큰물이어야 도시가 생길 수 있기 때문입니다. 흘러가는 물이 나에게 복을 주려고 들어오면 '조수국'이라고 하며, 복된 물로는 역수, 궁수도 있습니다. 시험 보는 것도 아니고 이해만 하면 되니 편하게 생각하면 됩니다.

나의 재물을 쓸고 나가듯 빠져나가는 물을 '거수국'이라 하며 볼록 튀어나온 곳을 '반궁수'라 하고 '직수', '순수' 등도 좋지 않은 물에 해당합니다.

물은 반드시 '동서수'로 흘러야 합니다. '동서수가 있어야 발복하고 남북수와 직수는 가난을 면치 못한다'고 했습니다. 세계지도로 각 나라를 분석해 보면 '동서수'가 있어야 부강한 나라이고 그 나라의 수도가 생길 수 있는 곳입니다. 부강한 나라의 수도가 '남북수'로 흘러가는 곳이 있다면 찾아 주세요. 한 군데도 없습니다. 후진국들의 수도가 있는 곳은 전부 남북수가 흘러가고 있습니다.

물은 역수가 있어야 합니다. 물은 반드시 역수가 되어야 부자가 나옵니다. 부자들이 역발상과 역된 행위를 해서 부자가 되는 것과 마찬가지로 풍수도 마찬가지라 생각하면 됩니다. 순수판에서 나면 역발상을 하지 못하고 사람이 게을러지고 발전하려 하지 않습니다. '순수판'은 그냥 일자로 흘러가는 것을 가리킵니다.

서울에서 '역수판'은 강남과 청계천을 들 수 있는데 강남은 한강이 흘러가는데 양재천이 감아 돌아 한강물과 합쳐집니다. 그래서 '역수판'이 형성된 곳입니다.

서울에서 '순수판'은 불광동, 보광동, 옥수동 쪽입니다. 불광동, 보광동, 옥수동이 못사는 동네였는데 지금은 엄청 좋아졌죠? 현공풍수적으로 이곳에 지금은 왕기가 통하고 있어서 그런 것입니다. 무슨 말이냐? 원래는 서민터였지만 20년 발복하는 운이라 서민들이 부자 흉내를 내고 부자가 되는 기반을 마련하고 있다고 보면 됩니다.

물은 역수로 흘러야 좋은 곳인데 이 '역수판'에 살면 사람들의 기운이 서민에서 양반의 기운으로 바뀝니다. 그래서 '역수판'이어야 성공하는 사람이 나오는 법입니다. 역수는 한번 감아 돌아가는 물을 가리키는 것으로 큰 국세적으로 물이 감아 돌아가는 것도 있지만 우리 동네, 우리 집 앞으로 돌아가는 작은 물도 있습니다. 그것은 부자 동네에도 가난한 사람이 있듯 가난한 동네에도 부자가 있을 수 있다는 이론입니다.

풍수에서 '역수일작가치부'라는 말이 있습니다. '한 종지라도 역수가 되면 가히 부자가 된다'라는 말로 역수가 되면 그 동네에서 그래도 부자 소리를 듣게 된다는 것입니다.

풍수는 바람 풍(風), 물 수(水)라고 해서 바람과 물의 논리입니다. 바람의 논리로 '장풍득수'라는 말이 있는데 '바람을 막고 물을 득한다'라고 해서 장풍득수라고 합니다.

우리는 머리를 창문 쪽으로 두고 자지 말라고 합니다. 바람을 막아야 하는데 실바람이 들어와 머리를 치니 좋지 않기 때문입니다. 작은 구멍이 큰 댐을 무너뜨리듯 작은 실바람이라도 우리에게 풍으로 오기 때문입니다. 젊은 사람들보다는 몸이 약하고 기가 허한 사람부터 치게 되어 있습니다.

우리가 바람을 피해 집을 짓고 살죠? '인인택이립'이라고 해서 '사람은 반드시 집에서 일어난다'라고 했습니다. 사람은 하루에 6시간 이상 수면을 취합니다. 이것은 6시간 이상 땅의 기운을 받는다는 뜻입니다. 잠을 자면서도 사람이 지반의 영향을 받는다고 보면 됩니다. 사람은 그 집의 기운을 먹고 살고, 집은 사람의 기운을 먹고 삽니다. 사람의 기운이 없는 집은 벽에 쉽게 금이 가는 것을 보았을 겁니다.

　물이 모이는 곳에 사람이 모여 살듯이 물이 모이는 곳에 돈이 모입니다. 고로 사람이 모여야 돈도 모이는 것입니다. 흐르는 냇가 주위에 사람들이 모여 사는 것을 볼 수 있는데 시장에 가 보면 바로 알 수 있습니다. 웬만한 활기 있는 시장은 그 지역에서 비교적 가장 낮은 곳에 위치한 것을 느낄 것입니다.

　우리나라의 교육 수준? 엄청 뛰어나죠? 초등학교에 가 보면 알 수 있습니다. 웬만한 초등학교 위치가 풍수적으로 모두 좋은 곳에 있습니다. 그래서 풍수 좋은 곳? 하면 그냥 초등학교 옆으로 이사하면 좋다고 이야기할 정도입니다. 역사가 오래된 학교일수록 풍수가 좋습니다. 학교를 앞으로 두고 가면 학교를 명당으로 쓰기에 더 좋을 듯합니다.

산과 물은 음과 양의 관계

음양은 서로 조화롭게 어우러져야 균형을 이룹니다.
모든 살아 숨 쉬는 것들은 음양의 조화를 이루고 있는데
우뚝 솟은 산은 깊숙한 물과 함께 해야 더욱 뚜렷하여 좋은 것이고
고요한 산은 고요하게 흘러가는 물과 함께 해야 좋은 것입니다.
산과 물이 고요함과 깊숙함이 함께 어우러져야
그 속에서 살아가는 사람들의 삶 또한 풍요롭고 행복합니다.
남자는 10명인데 여자가 1명이라면 조화가 절대적으로 이뤄지지 않아
풍요나 행복을 찾을 수 없습니다.
남자가 10명인데 여자가 1명이면 그 여자는 남성화됩니다.
큰 산줄기인 산맥은 큰 강과 하천이 있어야 합니다.
산은 큰데 물줄기가 약하면 풍수적으로 좋지 않습니다.
산줄기는 강이나 내를 건너뛰는 법이 없고
물줄기 또한 산을 넘지 못합니다.

사람은 1년, 땅은 20년 주기

사람은 1년에 한 살씩 나이를 먹지만 땅은 20년에 한 살씩 나이를 먹습니다. 하루살이는 하루만 살지만 그들의 인생에서는 인간의 80년 정도의 느낌일 것입니다.

현공풍수적으로 보면 우리나라는 현재 구성포국상 9운기를 살아가고 있습니다. 이런 주기는 20년씩 9칸이니 180년 주기로 시대를 확인해 볼 수 있습니다.

6운기에 해당하는 시기는 과거로 돌아가 보면 세종대왕의 시기였고 현대에는 박정희대통령의 시기였으며, 7운기에 해당하는 시기는 1984년~2003년까지를 말하는데 구성숫자 7인 '태'는 기쁨의 별로 놀고먹는 유흥, 여자, 도박 등이 활발한 시기였으며, 8운기에 해당하는 시기는 과거로 돌아가 보면 성종, 효종의 시기였고 현대에는 2004년~2023년까지였습니다. 그리고 현재는 9운기입니다.

어찌 보면 6-7-8운기가 대한민국을 재건하고 부흥하는 운기였다면 9-1-2-3-4-5운기는 최악이었다고 봐도 됩니다. 세계에서 가장 못사는 나라로 손꼽혔던 우리나라였다는 것을 아시죠?

과거를 보아도 180년 주기에서 우리나라는 60년만 으쌰으쌰 해서 그 시기만 발달했습니다.

그럼 9운기에는 어떤 일들이 일어날까요? 9운기가 시작되는 시점이 다른데 2017년부터 9운기가 시작된다는 '대괘풍수'와 2023년까지를 8운기로 보고 있는 '비기풍수'가 있습니다. 어떤 이론이 맞던 2017부터 2023년은 8운과 9운인 변화의 격동기임이 분명합니다.

9운기에는 연산군의 폭정과 현종의 노론, 소론 분쟁이 있었던 운기입니다. 굶어 죽는 백성들이 가장 많았고 민란이 많이 일어났습니다.

항상 징조는 기운적으로 미리 보여줬습니다. 몇 백명이 한 사건으로 목숨을 잃거나 역사적인 큰 사건이 한번 터지면 운기가 변화하는 시점으로 보면 맞습니다. 이제 현재에 그런 운기로 들어가고 있는 것입니다.

사람은 1년을 주기로 기후 변화를 느끼지만 땅은 20년 주기라 변화하는 시기와 느낌이 불분명할 수도 있습니다.

9운(2024~2043)은 화(火)의 기운이 지배하여 에너지 관련 사고나 기후 변화로 인한 문제들이 발생되는 가운데 에너지와 관련된 산업이 크게 성장하게 됩니다. 문화 산업과 정신, 종교, 명상 산업이 발달하며 전기차, 반도체, 인공지능, 전자 화폐, 배터리 산업이 성장하고 우주 항공, 군사 분야 및 방위 산업이 성장하게 됩니다.

9운에 쇠퇴하는 도시는 남쪽으로 물이 흐르는 도시로 서울은 용산, 강북이며, 부산, 울산, 인천, 송도, 세종도 쇠퇴하는 도시입니다.

9운에 흥하는 도시는 북쪽으로 물이 흐르는 대구, 광주, 대전, 진영, 강경, 논산으로 보면 됩니다.

좌청룡 우백호

고전 물리학에도 위치 에너지가 있듯이 풍수지리에도 방위에 따라 기(氣)가 다르게 작용합니다.

좌청룡은 남자의 방위로 권력의 방위를 가리키고
우백호는 여자의 방위로 재물의 방위를 가리킵니다.
남자는 양(+)이기 때문에 양의 방향인 '동쪽'에 위치하고
여자는 음(-)이기 때문에 음의 방향인 '서쪽'에 위치합니다.

일반적으로 방향을 잡을 때 동쪽과 서쪽이 해가 뜨는 방향과 해가 지는 방향을 가리키는 것이 아니고 전면을 임의로 북쪽으로 정하고 오른쪽을 동, 왼쪽을 서로 잡는 것입니다.

일반적으로 혼례식장에서 신랑은 왼쪽에 서고 신부는 오른쪽에 서게 합니다. 우리나라에선 남녀의 위치를 정할 때 남자가 사회에서 인정받고 출세하여 권위가 높아지게 하려면 왼쪽에 위치하게 하였고, 여자가 살림을 잘하고 재물을 잘 간수하여 가정을 윤택하게 하는 지혜를 갖는다고 하

여 오른쪽에 위치하게 하였습니다.

그러나 신랑의 위치인 왼쪽에 신부가 서고 신부의 위치인 오른쪽에 신랑이 서서 혼례를 올리면 그 위치에 맞는 기가 발동하여 성별의 역할이 뒤바뀐다고 보았습니다. 남자는 가정에서 가장의 권위가 떨어지고 사회에서는 승진이 늦어지니 자연히 기를 펴지 못한다고 생각하였고, 여자는 직업 전선에 뛰어들어 벌이가 남자보다 많아져 여자가 벌어오는 돈으로 살림을 한다고 생각하였습니다.

그렇다면 남자의 권위가 서려면 어떻게 해야 할까요? 여자를 무조건 남자의 오른쪽에 있게 하고 남자의 오른편에 잠을 자게 하면 좋습니다. 왼쪽인 좌청룡은 권위의 방향이기 때문에 왼쪽에 있는 사람이 결정권을 행사하게 되어 있습니다. 남편으로 하여금 책임지게 하고 사기를 북돋아 주면 죽기 살기로 처자식을 부양하지만, 반대로 하면 부부가 소통이 되지 않고 각자 주머니를 차는 경우가 생기고 남편이 가정을 돌보지 않고 부부 사이가 안 좋아져서 각방을 쓰거나 헤어질 수 있습니다.

만약 지하철을 탄다면 양옆에 자리를 비워 놓고 가운데 앉아 보세요. 오른쪽에 여자가 앉는다면 오늘 일진은 내 권위가 서는 날이 될 것입니다. 반대로 오른쪽에 남자가 앉는다면 내 주장을 내세우면 피곤한 날이 될 것입니다. 여자 입장에서는 당연히 남자가 왼쪽에 있어야 합니다.

길을 걷는데 여자를 오른쪽에 세우고 길을 걷는다면 내가 주도하는 날이 될 것입니다. 그 여자 분은 남자의 기를 세워주는 여자 분이라고 보아도 됩니다. 남자는 남자답게 여자는 여자답게 제 위치를 지키는 것이 좋습니다. 여자가 더 우위라는 것을 인정한다면 반대 위치도 나쁘질 않습니다.

음양에 순응하는 것이 화목의 첫걸음입니다. 봄에는 씨를 뿌리고 가을에는 추수하는 것이 순리이듯 말입니다. 가을에 씨를 뿌리는 것은 역천(逆天)하는 길입니다.

순천자흥(順天者興), 하늘의 뜻에 순응하면 흥하고 역천자망(逆天者亡), 하늘의 뜻에 거역하면 망합니다.

실용 풍수 인테리어 일이 잘 풀리기를 바란다면

실용 풍수 인테리어를 역학 논리로 풀어 보겠습니다.

첫째, 부자가 되고 싶다면 우선 현관부터 깨끗이 해야 합니다.
사람이 들락거리는 현관은 외부의 기가 내부로 들어오는 곳으로 현관이 더러우면 기가 오염되어 사람에게 나쁜 영향을 줍니다. 따라서 항상 좋은 기가 들어올 수 있도록 출입문인 현관을 깨끗이 해야 합니다. 부잣집치고 현관이 윤이 나지 않는 집이 없습니다. 사람 인체로는 입입니다. 말을 예쁘게 해야 돈도 들어오는 법입니다.

둘째, 현관을 밝게 해야 합니다.
현관이 어두우면 전기스탠드라도 갖다 놓아 인위적으로도 밝게 해야 합니다. 우리 집이 밝다는 것은 미래가 밝다는 것이 됩니다. 12신살에 '월살'이라고 있습니다. 월살은 달빛을 가리키는데 이쪽에 해당하는 방향인 현관이 밝으면 집안의 기운이 밝다고 했습니다.

셋째, 돈을 벌려면 여자한테 잘해야 합니다.

돈과 여자는 모두 음의 성질을 가지고 있습니다. 사주명리에서는 돈과 여자를 하나의 성분으로 똑같이 봅니다. 따라서 돈을 벌려면 여자한테 잘해야 하고 여자 말을 잘 들어야 합니다. 여자 말을 잘 들어야 잘될 확률이 더 높습니다. 때문에 항상 여자를 즐겁고 기쁘게 해야 돈이 잘 벌립니다. 또한 장모에게도 잘해야 합니다. 사주명리에서 장모는 식상으로 재성을 밀어주는 별입니다. 따라서 장모한테 잘해야 아내가 기뻐하고 즐거워 돈이 더 잘 벌린다고 합니다.

부부사이가 나쁘면 침대 위치를 바꿔도 좋습니다. 풍수적으로 좋은 침대 방향은 정해져 있습니다. 부부간에 다툼이 많다면 침대 방향이 좋지 않게 놓인 것일 수 있으니 잠자리를 바꿔보는 것도 한 방법입니다. 그리고 '남좌여우'라는 말이 있듯 남자의 오른쪽에 여자가 잠을 자야 집안에 서열이 바로 섭니다.

넷째, 자식을 성공시키려면 공부를 강요할 것이 아니라 우선적으로 정리정돈하는 습관을 들여야 합니다.

풍수적으로 책상을 놓으면 좋은 방향을 '문곡위'라고 합니다. '문곡위'를 잘 활용하고 정리정돈을 제대로 하는 아이치고 잘못된 아이가 없습니다. 즉, 정리정돈 잘하는 아이가 공부를 잘한다는 뜻입니다. 정리정돈을 잘하는데 공부를 못한다? 공부랑은 아예 인연이 없는 아이입니다. 따라서 어릴 때부터 자신이 가지고 놀던 물건과 자신의 방을 깨끗이 치우는 습관을 길러줘야 합니다.

다섯째, 외출하고 돌아오면 반드시 지갑은 어두운 곳에 두어야 좋습니다.

돈은 음의 성질이기 때문입니다. 옛날 어른들은 돈을 반드시 골방 장롱 깊숙한 곳에 보관했습니다. 요즘 사람들은 거실 밝은 곳에 놓아두죠. 돈이나 지갑을 어두운 곳에 놓는 습관을 가져보세요.

여섯째, 집안에 고장난 물건이 있으면 돈이 벌리지 않습니다.

대표적인 것이 고장난 형광등과 시계인데 수명을 다한 형광등은 바로 교체해서 집안을 항상 밝게 유지해야 합니다. 시계는 앞으로 나아가는 것인데 멈췄다는 것은 미래가 멈췄다고 보기에 좋지 않게 해석합니다.

일이 잘 풀리는 방법을 실용 풍수 인테리어에 적용해 명리적으로 논해 보았습니다.

현관(玄關) 이야기

현관은 검을 현(玄), 관계할 관(關)입니다.

집안의 모든 기운은 현관을 통해서 들어옵니다.

현관은 가정과 사회를, 사회와 가정을 연결해 주는 통로입니다.

현관(玄關)은 음이기에 조명을 해서 밝게 해야 음양의 조화가 됩니다.

현관을 훤하고 확 트이게 해야 합니다.

일이 잘 안될 때는 밤에도 불을 켜놓는 게 좋습니다.

가문(家門)을 가리키기에 가문에 먹칠을 할 수 있는데

현관에 스티커나 거미줄이 있을 때 그렇고

우유걸이가 있는 것도 안 좋습니다. 빌어먹는 모습이 됩니다.

먼지나 거미줄은 최악이며 페인트가 벗겨져도 안 좋고

소리 나는 것도 안 좋습니다.

식당은 문에 홍보성 전단지를 안 붙이는 것이 좋습니다.

현관이 지저분하면 이럴까 저럴까 망설임이 많습니다.

죽은 꽃이나 조화는 음이며 생화는 양이 됩니다.

현관은 음입니다.

우산은 음이니 안 보이게 해야 하며 물기가 없어야 합니다.

현관에 거울을 걸어 놓는 것이 좋습니다.

거울은 반사 작용을 하니

좋은 기운이나 나쁜 기운을 반사시키는 작용을 합니다.

종(鍾)은 파동을 말하기에 힘찬 파동을 불러줍니다.

침엽수는 살기의 작용으로 집 밖에 두는 것이 좋습니다.

거실 이야기

거실은 사람들이 모이는 공간으로 화목을 기본으로 합니다. 제가 풍수를 배워 보니 화목의 근본은 오행의 화(火)와 목(木)의 기운으로 결정되는 듯합니다. 사람으로 인한 가족 간에 불화가 생긴 경우, 항상 거실에 문제가 있는 것을 보았습니다.

집안이 편안하려면 거실을 잘 정리하고 밝게 해야 좋습니다. 거실은 좋은 추억과 화목을 우선으로 하기에 거실 커튼은 얇고 밝은 것이 좋으나 안방 커튼은 어둡고 약간 무거운 느낌이 좋습니다. 안방 커튼이 두꺼우면 재물이 나가는 것을 막아줍니다.

거실은 단순해야 좋으며 편안해야 합니다. 거실에 답답함이 생기면 집안에 갈등이 생기게 됩니다.

소파의 위치는 창문을 통해 밖을 바라 볼 수 있도록 하면 좋고 소파는 산으로 보기에 단색 계통이 좋습니다.

침대도 배산임수를 따릅니다. 전자파가 나오는 곳에 화분을 놓는 것이 좋고 나쁜 기운이 못 들어오게 활엽수를 집안에 두는 것이 좋습니다.

주방 이야기

주방은 청결이 1등이지만 수전과 칼 상태가 좌우한다고 봐도 됩니다.

먼저, 식기류에 신경써야 합니다.

식기류는 본인 것은 본인만 써야 합니다.

부자들을 보면 아실 겁니다. 부자들은 자기 그릇에 식사를 합니다.

수저, 국그릇, 밥그릇은 개인의 것을 사용하면 좋습니다.

주방에서 운을 상승하게 하는 것은 청결입니다.

수전은 깨끗해야 하고 수전이 더러우면 그 집은 망하게 됩니다.

늘 깨끗이 닦아야 하며 수전 관리는 잘해야 합니다.

칼은 보이지 않게 놓아야 하며 녹슨 것은 최악입니다.

집안이 망하는 지름길입니다.

정성스럽게 보관하고, 정돈을 잘해야 좋은 기운이 집안에 돌고

금이 간 것이 있거나 깨짐, 벗겨진 것, 코팅이 벗겨진 것은

전부 안 좋게 해석합니다.

식탁 이야기

명리에서는 '천원지방'이라고 합니다.
원형은 행복과 정신을 가리키고
방형은 재물, 승진, 현실을 가리킵니다.
식탁은 둥글면 좋습니다.
식탁 모서리가 너무 뾰쪽하면 살기나 죽음을 나타냅니다.
재질은 목(木)은 온화함을 가리키니 원목이 좋습니다.
금(金)은 현실적이고 냉정함을 나타냅니다.
또한 유리나 대리석도 집안 기운이 차갑게 만듭니다.
식탁보는 노란색으로 밝게 하면 중화의 기운으로 좋으며
식탁이 벽에 붙는 것은 안 좋고, 화장실 옆도 안 좋습니다.
식탁에 올리면 안 되는 것은 약과 보조식품입니다.
뾰족한 물건도 안 좋습니다.
공부를 식탁에서 하는 것도 안 좋습니다.
왜냐하면 목적이 틀리기 때문에 그렇습니다.
식탁은 아무것도 없이 깨끗이 해야 됩니다.

책상 배치 방법

아이들 책상 배치 방법과 아이들 방 꾸미기를 논해 보겠습니다.

12신살적으로 논하는 길한 방향이 있고 풍수에서 논하는 길한 방향이 있습니다. 이 방향은 어른들도 해당합니다.

12신살적으로 책상 배치 방법은
돼지띠, 토끼띠, 양띠는 서북쪽,
원숭이띠, 쥐띠, 용띠는 서남쪽,
뱀띠, 닭띠, 소띠는 동남쪽,
호랑이띠, 말띠, 개띠는 동북쪽이 길한 방향이 됩니다.

집 구조에 따라 풍수적으로 길한 방향에 책상을 놓을 수도 있습니다. 창문이 보이는 방향은 책상을 배치하는 방향 중 가장 좋지 않습니다. 책상은 무조건 창문이 아닌 벽에 붙여야 산만하지 않습니다.

풍수적으로 '문곡위'라고 해서 이 방향에 책상을 놓으면 공부가 잘됩니다. '문곡위'라는 자리에 책상을 배치하면 기본 20프로이상 성적이 상승할 수 있다고 합니다. '문곡위'는 대체적으로 문을 열었을 때 바로 좌측이나 우측으로 생각하면 됩니다.

아이 책상의 재질도 도움이 되는 것이 있는데 사주에서 아이들은 봄의 기운입니다. 오행상 목(木)의 기운입니다. 아이 책상을 나무 책상으로 바꿔 주면 좋습니다. 목재는 생동감이 있고 활동성을 가리키기에 꾸준하게 발달하는 성질이 있습니다.

벽지의 가로줄과 세로줄에도 음양이 존재하는데 음기가 부족한 아이들은 가로줄이 좋고 양기가 부족한 아이들은 세로줄이 좋습니다.

벽지 무늬가 화려하면 마음이 들뜨기 쉬워 더 정신이 산만할 수 있으니 아이들에게는 봄의 색이고 오행상 목의 색인 단색의 녹색이나 청색이 좋은 색입니다.

삼살방과 대장군 방위

'삼살방'과 '대장군 방위'에 대해 논해 보겠습니다.

예전부터 '삼살방'과 '대장군 방위'로 이사를 가면 안 된다는 말이 있습니다. 참고하면 좋을 듯하여 '삼살방'과 '대장군 방위'를 쉽게 찾는 법을 알려드리겠습니다. 인터넷 프로그램만 믿지 말고 직접 체크해 보는 것이 좋을 듯합니다.

- 인묘진년(봄의 기운)의 인월에는 봄을 여는 입춘이 들어 있고 계절로는 봄이며 방위는 동쪽을 가리킵니다.
- 사오미년(여름의 기운)의 사월에는 여름을 여는 입하가 들어 있고 계절로는 여름이며 방위는 남쪽을 가리킵니다.
- 신유술년(가을의 기운)의 신월에는 가을을 여는 입추가 들어 있고 계절로는 가을이며 방위는 서쪽을 가리킵니다.
- 해자축년(겨울의 기운)의 해월에는 겨울의 시작인 입동이 들어 있고 계절로는 겨울이며 방위는 북쪽을 가리킵니다.

대장군 방위는 바로 전 단계의 계절 방위를 가리킵니다.

인묘진년인 봄에 대장군이 머무른다면 바로 봄의 전 계절인 겨울, 북쪽이 대장군 방위가 됩니다. 대장군은 3년씩 머무르다 가는데 내가 감당하기에는 힘에 벅찬 존재입니다. 나를 괴롭히는 존재라고 생각하면 됩니다.

2016년 병신년과 2017년 정유년은 신유술의 가을이니 바로 전 계절인 여름, 남쪽이 대장군 방위입니다. 집의 남쪽 부분은 수리도 하지 말라고 했습니다.

그렇다면 대장군이 머무는 그쪽으로는 가지 못하냐? 그건 아닙니다. 어쩔 수 없이 그쪽으로 가야 한다면 여러 가지 방법이 있는데 이삿짐 차를 일부러 뱅뱅 돌아가는 방법과 이사하는 집에 미리 밥통을 가져다 놓는 방법이 있습니다.

삼살 방위는 그 계절과 반대되는 계절 방위를 가리킵니다.
- 해묘미년은 봄의 기운입니다. 봄은 동쪽이고 동쪽과 반대되는 가을의 기운인 서쪽이 삼살 방위입니다.
- 인오술년은 여름의 기운입니다. 여름은 남쪽이고 남쪽과 반대되는 겨울의 기운인 북쪽이 삼살방위입니다.
- 사유축년은 가을의 기운입니다. 가을은 서쪽이고 서쪽과 반대되는 봄의 기운인 동쪽이 삼살 방위입니다.
- 신자진년은 겨울의 기운입니다. 겨울은 북쪽이고 북쪽과 반대되는 여름의 기운인 남쪽이 삼살 방위입니다.

흉신이 머무르는 방위로 삼살방과 대장군 방위는

2016년은 병신년, 신자진년는 겨울이고 북쪽을 가리키니
북쪽의 반대인 남쪽이 삼살방 방위이고
2017년 삼살방 방위는 동쪽이고
2017년 대장군 방위는 남쪽입니다.

사주명리의 12신살에서는 재살 방향이 삼살방 방위라고 생각하면 이해하기 쉽습니다.

- 2025년 을사년(乙巳年)은 대장군 방위는 동쪽이며 삼살방 방위 또한 동쪽이 됩니다.

상문 방위는 남서쪽이며 조객 방위 또한 묘(卯) 방향인 동쪽이 됩니다.

- 2026년은 병오년(丙午年)은 대장군 방위는 동쪽이며 삼살방 방위는 북쪽이 됩니다.

상문 방위는 신(申) 방향으로 남서쪽이며 조객 방위 또한 진(辰) 방향이니 동남쪽이 됩니다.

- 2027년은 정미년(丁未年)으로 대장군 방위는 동쪽이며 삼살방 방위는 서쪽이 됩니다.

상문 방위는 유(酉) 방향으로 서쪽이며 조객 방위 또한 사(巳) 방향이니 동남쪽이 됩니다.

손 없는 날과 세덕신 방위

손 없는 날은 음력으로 9와 0인데
음력 1, 2일은 동쪽에 귀신이 머물고
음력 3, 4일은 남쪽에 귀신이 머물고
음력 5, 6일은 서쪽에 귀신이 머물고
음력 7, 8일은 북쪽에 귀신이 머물고 있으니
그쪽 방향은 피하라는 것입니다.
음력 9, 10일은 귀신도 쉰다고 하여 손 없는 날이라고 합니다.

세덕신이 있는 방향은 그해의 가장 밝은 방향, 그해의 가장 좋은 대길의 방향이라고 합니다. 세덕신은 그해의 천간에 해당하는 방향으로 정해지는데 하늘을 도는 십간을 음양으로 나누면 갑병무경임(甲丙戊庚壬)을 양으로 을정기신계(乙丁己辛癸)를 음으로 표현합니다.

양의 천간은 양덕이라고 해서 덕이 있다고 보았고 음의 천간은 덕이 없다고 보았습니다. 그래서 음간은 각각 양의 천간에 배속되는데 2017년 정유년에 세덕신이 있는 방향은 2017년 변화와 변동에 가장 좋은 방향, 가장 밝은 방향으로 해방향과 자방향이 됩니다.

귀신이 드나드는 귀문방

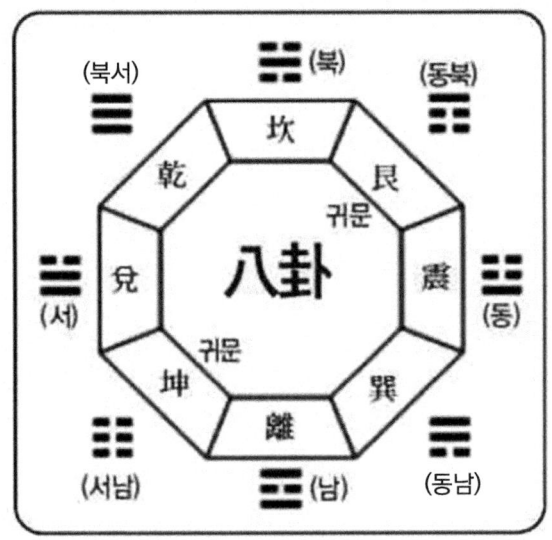

지하의 수맥파 만큼 흉하게 보는 방위가 있습니다.

방위를 중심으로 사람의 길흉을 따지는 풍수에서 가장 꺼리는 방위는 어디일까요? 바로 귀신이 들락거리는 방위라 하여 일명 귀문방(鬼門方)이라는 이름이 붙은 곳입니다. 귀신이 출입하는 곳이다 보니 자칫 산 사람이 귀신으로부터 해를 입을 수 있어 흉한 방위가 되는 곳입니다.

'주역'의 후천팔괘이론에 따르면 동북쪽 방위인 간방(艮方)과 그 대칭점인 서남쪽 방위 곤방(坤方)을 가리키는데 간방을 흔히 표귀문방(表鬼門方, 바깥귀문방)이라 하고 곤방을 이귀문방(裏鬼門方, 안귀문방)이라고 분류하기도 했습니다.

두 방위는 모두 기운이 교차된다는 의미가 있습니다. 계절로 보면 북동쪽인 간방은 겨울을 지나 봄이 시작되는 환절기이고 서남쪽인 곤방은 여름을 지나 가을이 시작되는 환절기에 해당합니다. 인생의 계절로 치면 간방은 죽음과 탄생이 교차하는 시기이고 곤방은 청년기에서 중년기로 접어드는 중차대한 시기가 됩니다.

실제로 우리 조상들은 귀문 방위에 불결한 시설을 설치하는 것을 경계하여 항상 청결한 상태가 유지되도록 각별한 관심을 기울였습니다. 특히, 동북쪽 방위의 건물 구조가 방정하지 못하고 들쭉날쭉하거나 화장실, 하수구, 창고, 쓰레기통 등 불결한 시설이 놓일 경우 집안에 액운이 미치기 쉽다고 보았습니다.

풍수 가상학(家相學)으로도 출입구는 귀문 방향을 피해야 한다고 보았습니다. 귀문방으로 사람을 들이면 마사(魔事), 즉 삿되고 좋지 않은 일이 끊이지 않는다고 합니다. 이른바 '신바람을 탄다'라고 했습니다. 그래서 장사를 하거나 사업을 하는 사람들은 귀문방을 피해 출입구를 냅니다. 혹시라도 귀문방에 화장실을 설계한다면 최대한 위생적이고 청결하게 해야 합니다.

보이지 않는 기의 세계를 논하는 풍수학은 땅속에 흐르는 기를 찾아내고 보이지 않는 공간에서 기를 읽어내는 형이상학적 학문이라고 할 수 있습니다. 따라서 땅에서 나쁜 물의 기운이 전달되는 수맥파나 좋은 기운인 생기를 찾아내고 귀문 방위를 현명하게 대처하면 굳이 명당을 논하지 않아도 됩니다. 이런 곳에 사는 사람들은 대개 신체가 건강하고 마음도 안정적이어서 하는 일이 잘될 수밖에 없기 때문입니다.

나가는 물과 들어오는 물

　나가는 기운과 들어오는 기운이라고 표현해도 좋은데요, 큰 국세적으로도 들어오는 물과 나가는 물은 차이가 있습니다.

　이것은 동네 풍수가 될 수 있고 각자의 집에서도 작은 태극처럼 작은 틀에서 들어오는 물과 나가는 물이 있습니다. 사람의 인체에서 입으로 음식을 섭취하고 항문으로 배출하는 것과 같은 이치입니다.

　현관을 통해 기운이 들어오는데 현관을 깨끗이 해야 좋다는 말을 많이 들었을 겁니다. 좋은 음식을 먹으면 기분이 좋듯 현관 관리가 중요합니다.

　들어오는 기운을 생기로 본다면 나가는 기운을 사기로 봅니다. 수돗물은 들어오는 물이니 생기로, 배수관은 나가는 물이니 사기로 논합니다. 욕실 문이나 변기 뚜껑을 사용하지 않을 경우에는 반드시 닫으라는 것도 나가는 물이라 그런 것입니다.

　배수관이나 환기통을 막는 것도 마찬가지입니다. 출입구는 거침없이 기의 유입이 되도록 개방하고 들어온 기운을 물샐틈없이 막아야 재물이 모이고 집안에 활기가 넘칩니다. 기운의 유통이 잘되면 가족의 유통도 잘된다고 보면 됩니다.

각자 집마다 향이 다르기에 정신방과 영신방을 구할 수는 없지만 하여 간, 각자 집에서 좋은 방향에 수도가 있는 것이 좋습니다.

들어오는 물과 나가는 물만이라도 관리를 잘하면 확실히 좋습니다.

집안의 화분

집안의 화분은 앉아 있을 때 높이보다 낮아야 좋습니다.
너무 크면 나무가 사람의 기운을 누르기 때문입니다.
그리고 죽은 나무에서는 사기가 나옵니다.
죽은 꽃이나 꽃이 없이 흙만 있는 화분, 시들거나 죽어가는 꽃은
집안의 기운이 죽어가는 것을 말합니다.
죽은 꽃이라는 것은 생명이 없는 꽃이므로 음의 기운이 강한 것입니다.
말린 꽃이나 가짜 꽃도 집안의 기운에 도움이 안 됩니다.
보통 밝은 기운의 양기가 집안에 가득해야 좋습니다.
숯이나 나무뿌리 공예품은 공기 정화나 제습 효과가 있어서 집안에
두는 경우가 많은데 예술 작품성은 좋으나 풍수상으로는 안 좋습니다.
난 종류는 양기 식물로 집무실(번창), 계산대(재물운), 가정(행복)을
나타냅니다. 안개꽃은 기운을 중화시키는 역할을 하니
양기 식물(장미)과 함께 해야 좋습니다.
수국이나 동백은 음기 식물이니 집에 두면 안 좋고 선물로도 안 좋습니다.
집안에 선인장은 안 좋습니다.
가시가 있어 날카로움과 까칠함을 유도합니다.

집안 분위기를 바꿔보자

우리는 사주팔자라고 해서 8글자를 가지고 살아갑니다. 사주는 목(木) 화(火)토(土)금(金)수(水)라는 오행으로 분류됩니다. 사주팔자를 한 번이라도 보신 분들은 '용신(用神)'이라는 말을 들어보았을 텐데요, 비슷하다고 생각하면 됩니다.

우리가 각자에게 없는 성분을 이름에서 채워 넣은 수도 있고 주변사람을 활용할 수도 있습니다.

쥐띠가 좋을 수도 있고 호랑이띠가 좋을 수도 있습니다. 살면서 어느 띠랑은 잘 맞으나 어느 띠랑은 잘 맞지 않는다고 피부로 느껴 보셨을 겁니다. '용띠는 나랑 안 맞아'하는 것처럼 궁합이 좋다? 궁합이 안좋다? 와 같은 맥락입니다. 자기가 필요로 하는 오행의 띠는 좋게 느껴집니다. 아무리 미운 짓을 해도 말입니다. 목화토금수라는 오행으로 나에게 좋고 나쁨을 안다면 실생활에 보다 긍정적으로 적용되리라 생각합니다.

집에 화분을 놓으면 좋은 분, 어항을 놓으면 좋은 분, 할로겐을 놓으면 좋은 분, 쇠 종류를 놓으면 좋은 분이 있습니다. 문에 종을 달아놓는 것도 여기에 포함됩니다. 때론 가정에 꽃을 놓으면 좋을 수도 쥐약이 될 수도 있습니다. 어항도 마찬가지입니다.

운이 좋지 않다면 집 안에 있는 오행의 물질을 반대로 바꿔보세요. 집에 나무를 키우는데 일이 안 풀린다면 화분을 흙(토)으로 봐서 나무 대신 어항(수)으로 바꿔보고, 꽃(목)이 있는데 일이 안 풀린다면 쇠(금)종류로 바꿔놓는 것이 좋습니다. 또한, 잠자는 방향도 바꿔보는 것이 좋습니다.

분위기 전환이 필요한 분들은 지금 이야기한 것을 활용해 보면 좋을 듯합니다.

사람은 자면서 지반의 기운을 따른다.

사람은 평균 하루에 8시간씩 한 달에 240시간 집에서 잠을 잡니다. 만약 현재 상황이 좋지 않다면 5~10년 동안 쌓인 나쁜 기운이 어땠나를 생각해 보세요.

백가지 병은 '6기에서 생긴다'라는 말이 있습니다. '풍(風)한(寒)서(暑)습(濕)조(操)화(火)'로 병이 생기는데 나쁜 기운을 막아주는 '장풍득수'는 바람은 막아주고 생기를 얻는다고 하여 '장풍득수학'이라고도 합니다.

양택풍수는 양택학과 가상학으로 즉, 자연적인 조건과 인위적인 조건으로 나눌 수 있습니다. 양택학은 용·혈·사·수를 고려하여 사람이 살기 좋은 터를 잡아주는 풍수이론으로 도읍, 신도시, 마을, 개인주택, 상가, 공장 등의 입지 선정을 가리킵니다. 사람이 살아가는 동네가 자연적인 조건으로 형성되었는지에 대한 풍수이론을 양택학으로 보면 됩니다. 반면 가상학은 건물의 형태, 구조, 배치에 대한 풍수이론으로 건물의 모양, 방위, 실내 공간 배치의 인공적인 조건을 가리킵니다.

사람은 일생 대부분을 실내 공간에서 지내고 있습니다. 건물이 어느 방향이냐? 어떤 땅에 있느냐? 어떤 모양이냐? 배치와 인테리어가 어떠냐? 에 따라 사는 사람의 운이 달라진다고 합니다.

사람은 집에서 거주하고 끌어당기는 자장에 의해 좌우됩니다. 자연적인 기운과 인위적인 기운이 합쳐져 길흉이 나타나는데 집안에 어려움이 계속된다면 어떤 방법이 최상일까요? 이사를 가는 것이 상책입니다.

오행에 따른 제화용품

木이 필요한 곳: 책장, 가구, 나무, 꽃, 청록색

火가 필요한 곳: 입극척, 나경도, 전기제품, 자수정, 붉은색

土가 필요한 곳: 흙, 모래주머니, 노란색

金이 필요한 곳: 동전통, 두꺼비, 자명시계, 풍경, 종, 흰색

水가 필요한 곳: 안인수, 풍수륜, 검정색

공부방: 문창탑을 책상 위에 놓는다.

오황살 제거 방위: 금두꺼비, 오제전, 사자상

현침살 제거 방위: 오목거울

안인수 제작방법

1) 유리나 도자기로 된 적당한 크기의 용기를 준비한다.

2) 용기에 정제되지 않은 천일염 8부를 정확하게 채우고

3) 4개의 은화나 9개의 고전(古錢 동전)을 방위별로 내외(內外)층에 정확하게 배치한 후

4) 용기에 정제된 깨끗한 물을 채우고

5) 밀봉한 다음 해당 방위에 배치한다.

풍수의 명언

- 곽박(장경) 동기감응론: '장자승생기야' 사람이 죽으면 흙으로 돌아간다. '시이동산서붕 영종동응' 무생물인 광물조차도 감응한다.
- 1960년 미국 윌라드 리비(Willard Frank Libby)(사람의 뼈에 14종의 방사성 동위원소, 동기감음)
- 금낭경: '기승풍산맥우수지' 생기는 바람에 흩어지고 맥은 물을 만나면 멈춘다.
- 용은 일어나는 것을 근원으로 삼고 혈은 그치는 것을 근원으로 삼는다.
- 금낭경: '풍수지법은 득수위상이요 장풍차지' 풍수의 법은 물을 얻는 득수가 먼저이고, 바람을 감추어 기가 흩어지지 않게 하는 장풍은 그 다음이다.(지리가) '산관인정 수관재물' 산은 인정을 관장하고 물은 재물을 관장한다.
- 지가서: 산은 자손을 관장하고 물은 재물을 관장한다.
- 황재택경(皇帝宅經 풍수의 총서): '인인택이립(人因宅而立)' 사람은 반드시 집으로 인해 일어선다.
- 구빈지학: 가난을 구제할 수 있는 학문(탈빈의 역사)
- 수기지모: 물은 기의 어머니다.

- 사람은 집의 기운을 먹고 살고 집은 사람의 기운을 먹고 산다.
- 사고전서: 가장 오래된 고서로 한나라 시대 청오경(청오자 지음) 사고전서에 있는 것만 진서라고 한다.
- 청오경: 문자로 된 최초의 풍수서적
- 수과동서 재보무궁: 물이 동서로 흐르면 재와 보배가 무궁하다.

  "산(山)이 내달리고 물이 곧게 빠지면 사람을 따라다니며 먹을 것을 의탁해야 하고 물이 동서(東西)로 흐르면 재물과 보물이 무궁해진다"라고 하였다.
- 인장묘발: 인시에 묘를 써서 묘시부터 발복한다.
- 점학은 한나라 말경에 발전하여 수학과 학문이 발달하는 계기가 되었고 그 후 200년 후 진나라때 천년에 한 명 나오는 천재 문학가인 곽박이 '장경'이라는 책에 청오경을 부연해서 출판했으며 그 후 2000년간 탈빈을 하기 위해 발전해 왔다.
- 의: '기사회생지도' 근원을 밝혀 죽음을 돌리는 것이다.
- 복: 은나라 5천년 전 국책으로 365일이었음을 밝혔다.
- 거벌지도: 깜깜할 때 어둠을 밝히는 것이다.
- 풍(장풍득수): 산이 있으면 물이 있듯 좌선용에는 우선수가 있다.
- 양생송사지도: 잘 태어났으면 잘 죽어야 한다는 생사를 다루는 것이 풍수다.
- '고일촌위산(高一寸爲山)저일촌위수(低一寸爲水)'라고 전해진다. 한 치만 높아도 산이고 한 치만 낮아도 물이라는 말로써 과장된 표현이 아니라 매우 정확한 표현이다.

- 꼭 산이 있어야 산이 아니고 꼭 물이 있어야 물이 아니라 건축물이나 무덤을 기준으로 높으면 산으로 보고 낮으면 물로 봐야 한다.
- 양택에서 주변 건축물을 산으로 보며 도로를 물로 간주할 수 있다.

풍수 상식

- 명당의 조건은 '축좌미향', '건좌손향', '해좌사향'이 가장 좋다.
- 공망은 피해야 한다.
- 격각살은 좋지 않다.
- '재취위': '문곡위'를 살핀다.
- 골살: 볼록 들어간 곳이다.
- 분수령: 볼록 나온 곳이다.
- 물이 갈라지는 곳(분수령)에 집이 있는 것이 제일 좋지 않다.
- 산 모양, 브이 모양(사거리: 서남쪽), 아미형(여자 눈썹 모양), 일자형 명당은 무조건 있어야 한다.(골살, 분수령을 제외한 곳) 그래서 대부분 아파트가 명당에 있어서 발복이 큰 것이다.
- 동북쪽에 물(분수대, 어항)이 있으면 망한다.
- 문이 충나는 것을 문충살이라 한다.
- 대문이 충나는 것을 천충살, 백호살이다.
- 창이 있는데 머리를 두면 안 된다. 배산, 고산이라 한다.
- 화장실이 뒤에 있거나 화덕이 있으면 그쪽으로 머리를 두면 안된다. (부부사이나 건강이 좋지 않다)

- 집을 지을 때 서북쪽이 없으면 집주인이 잘 되지 않고 파직, 손재를 당하기 쉽다.
- 건방에 물이 있거나 더러우면 좋지 않다.
- 동북방은 꺾어져도 상관없다.
- 서남방은 곤방이니 엄마자리이다.
- 모서리가 꺾인 것은 대흉이다.
- 묘유(동서)가 없는 것은 손재다. 재산이 계속 줄어든다. 자오는 상관없다.
- '왕대밭에 왕대 나고 쫄대밭에 쫄대 난다' 부자 터에 부자 난다.
- 천지불인: 하늘과 땅은 인자하지 않다.

방위에 따른 삼살방, 대장군, 상문방, 조객방 표

년도 방위	대장군방	삼살방	상문방	조객방
2018 무술	남방	북방	자-북	신-서남
2019 기해	서방	서방	축-북동	유-서
2020 경자	서방	남방	인-동북	술-서북
2021 신축	서방	동방	묘-동	해-북
2022 임인	북방	북방	진-동남	자-북
2023 계묘	북방	서방	사-남동	축-북동
2024 갑진	북방	남방	오-남	인-동북
2025 을사	동방	동방	미-남서	묘-동
2026 병오	동방	북방	신-서남	진-동남
2027 정미	동방	서방	유-서	사-남동
2028 무신	남방	남방	해-북서	미-남서
2029 기유	남방	동방	해-북서	미-남서
2030 경술	남방	북방	자-북	신-서남
2031 신해	서방	서방	축-북동	유-서
2032 임자	서방	남방	인-동북	술-서북
2033 계축	서방	동방	묘-동	해-북
2034 갑인	북방	북방	진-동남	자-북
2035 을묘	북방	서방	사-남동	축-북동
2036 병진	북방	남방	오-남	인-동북
2037 정사	동방	동방	미-남서	묘-동
2038 무오	동방	북방	신-서남	진-동남
2039 기미	동방	서방	유-서	사-남동
2040 경신	남방	남방	해-북서	미-남서

년도 방위	대장군방	삼살방	상문방	조객방
2041 신유	남방	동방	해-북서	미-남서
2042 임술	남방	북방	자-북	신-서남
2043 계해	서방	서방	축-북동	유-서
2044 갑자	서방	남방	인-동북	술-서북
2045 을축	서방	동방	묘-동	해-북
2046 병인	북방	북방	진-동남	자-북
2047 정묘	북방	서방	사-남동	축-북동
2048 무진	북방	남방	오-남	인-동북
2049 기사	동방	동방	미-남서	묘-동
2050 경오	동방	북방	신-서남	진-동남
2051 신미	동방	서방	유-서	사-남동
2052 임신	남방	남방	해-북서	미-남서
2053 계유	남방	동방	해-북서	미-남서
2054 갑술	남방	북방	자-북	신-서남
2055 을해	서방	서방	축-북동	유-서
2056 병자	서방	남방	인-동북	술-서북
2057 정축	서방	동방	묘-동	해-북
2058 무인	북방	북방	진-동남	자-북
2059 기묘	북방	서방	사-남동	축-북동
2060 경진	북방	남방	오-남	인-동북
2061 신사	동방	동방	미-남서	묘-동
2062 임오	동방	북방	신-서남	진-동남
2063 계미	동방	서방	유-서	사-남동
2064 갑신	남방	남방	해-북서	미-남서
2065 을유	남방	동방	해-북서	미-남서
2066 병술	남방	북방	자-북	신-서남
2067 정해	서방	서방	축-북동	유-서
2068 무자	서방	남방	인-동북	술-서북
2069 기축	서방	동방	묘-동	해-북
2070 경인	북방	북방	진-동남	자-북
2071 신묘	북방	서방	사-남동	축-북동

년도 방위	대장군방	삼살방	상문방	조객방
2072 임진	북방	남방	오-남	인-동북
2073 계사	동방	동방	미-남서	묘-동
2074 갑오	동방	북방	신-서남	진-동남
2075 을미	동방	서방	유-서	사-남동
2076 병신	남방	남방	해-북서	미-남서
2077 정유	남방	동방	해-북서	미-남서
2078 무술	남방	북방	자-북	신-서남
2079 기해	서방	서방	축-북동	유-서
2080 경자	서방	남방	인-동북	술-서북
2081 신축	서방	동방	묘-동	해-북
2082 임인	북방	북방	진-동남	자-북
2083 계묘	북방	서방	사-남동	축-북동
2084 갑진	북방	남방	오-남	인-동북
2085 을사	동방	동방	미-남서	묘-동
2086 병오	동방	북방	신-서남	진-동남
2087 정미	동방	서방	유-서	사-남동
2088 무신	남방	남방	해-북서	미-남서
2089 기유	남방	동방	해-북서	미-남서
2090 경술	남방	북방	자-북	신-서남
2091 신해	서방	서방	축-북동	유-서
2092 임자	서방	남방	인-동북	술-서북
2093 계축	서방	동방	묘-동	해-북
2094 갑인	북방	북방	진-동남	자-북
2095 을묘	북방	서방	사-남동	축-북동

사대문의 오상

　동대문은 '인(仁)을 일으키는 문'이라 해서 "흥인지문(興仁之門)"이라 말하며 동쪽이 짧아 장남이 잘 안된다고 하여 4글자로 이름을 지었다는 말이 있습니다. 동쪽을 가리키기에 동대문 시장을 생각하면 되는데 젊고 활력이 넘치는 지역입니다.

　남대문은 '예(禮)를 숭상하는 문'이라 해서 "숭례문(崇禮門)"이라 하였으며

　서대문은 '의(義)를 두텁게 갈고 닦는 문'이라 해서 "돈의문(敦義門)"이라 하였습니다.

　북문은 '지(智)를 넓히는 문'이라 해서 "홍지문(弘智門)"이라 하였으며 중심에는 가운데를 뜻하는 '신(信)'을 넣어 "보신각(普信閣)"을 세웠습니다.

　사대문도 오상(五常)에 기초하여 건립하였습니다.

동네의 유래

1. 능 or 릉 – 왕릉 이름

능동: 순종의 첫 황후인 순명황후 민씨의 묘역을 능말·능리라고 한데서 유래되었다고 합니다.

정릉: 성북구 정릉에 위치

조선 태조의 제2비 신덕왕후 강씨의 능이라고 합니다.

강씨는 태조 이성계의 두 번째 부인으로 아들 둘을 낳았습니다.

태종이 '왕자의 난'을 일으켜 강씨 아들들을 다 죽입니다.

선릉: 강남구 삼성동에 위치

성종과 성종의 계비(세컨드)인 정현왕후 윤씨의 무덤이라고 합니다. 성종의 아들이 연산군이고, 연산군의 생모가 윤씨입니다. 연산군 엄마가 first이고 이 사람은 second입니다. 서울시 안에 드물게 있는 커플묘입니다.

태릉: 노원구 공릉동에 위치

중종의 둘째 부인인 문정왕후 윤씨의 무덤이라고 합니다.

공릉은 공덕리+태릉의 합성어라고 합니다.

능곡: 서울이 아니고 경기도 고양시 덕양구에 위치 능곡이란 지명은

왕릉을 써서 붙여진 이름이 아닌 능 후보지로 잡혔던 데서 유래한 이름입니다. 그런데 능곡에는 왕릉이 하나도 없다고 합니다.

망우동: 공동묘지가 있는 지역입니다.

조선 태조 이성계가 자신이 죽은 뒤 묻힐 곳을 알아보던 중, 현재의 망우리 고개에 이르러 잠시 쉬면서 '어사오망우이(於思吾忘憂以), 여기서 내 근심을 잊을 수 있었노라'라고 말을 했다고 하여 망우(忘憂)라고 부르게 되었습니다.

2. 곡 – 골짜기

내곡: 내곡동 동명은 옛 언주면의 일부로서 마을의 제일 안쪽에 위치하고 있으므로 안골·안말로 불리었고 한자명으로 내곡동이라고 한데서 유래되었습니다.

지금은 이명박 대통령 때문에 명해진 곳입니다.

세곡: 동 이름은 자연마을인 세천리(細川里)의 '세'자와 은곡동(隱谷洞)의 '곡'자를 따서 만들어졌습니다. 강남은 역사가 짧아서 이렇게 2개 이상의 지명을 합친 동명이 많습니다. 세곡 뉴타운아파트가 들어서서 최근에 많이 유명해졌습니다.

중곡: 동 이름은 능동(陵洞)과 면목동(面牧洞) 중간에 있어 가운데 말 또는 한자음으로 '중곡리'라고 했습니다.

동네 이름이 끼인 동이지만 인구 8만으로 나름 광진구에서 제일 큰 동네입니다.

3. 마 – 말이라는 의미

마곡: 삼을 많이 심었던 곳이라 지명에 '마'가 붙었습니다.

마장: 문자 그대로 마장, 현재도 우시장으로 유명한 곳입니다.

마천: 마천동 동명은 이 지역에 있는 마산(馬山)의 이름을 따서 마천리(馬川里)라 불렸던 데서 유래되었습니다.

말죽거리: 현재 양재 사거리에 위치한 곳으로 조선시대 여행자들이 타고 온 말에게 죽을 끓여 먹였다는 데서 유래되었습니다.

4. 계 – 시내라는 의미로 하천

중계: 도봉구와 노원구의 중간을 흐르는 한천(漢川)의 중간 부분에 있다고 하여 중계동이라고 합니다.

상계, 하계도 같은 원리입니다.

월계: 노원구에 위치, 맑은 시냇물에 달이 비치고 중랑천과 우이천으로 둘러싸인 모습이 반달 모양이라고 하여 붙여졌습니다.

청량리: 청량한 바람이 불어오는 곳이라 하여 붙여졌습니다.

천호: 천 가구가 살 수 있는 곳, 그 정도로 살기 좋은 터라고 하여 붙여졌습니다.

왕십리: 청량산에서 유래되었고, 무학대사가 '십 리만 더 가 봐라' 하여 붙여졌습니다.

과천: 관악산을 주산으로 양재천이 유수히 흐른다하여 붙여졌습니다.

남태령: 관악산과 우면산의 연결고리입니다. 우면산은 소가 편하게

잠들어있는 모습이라고 합니다.

백운산: 구름처럼 자유롭다하여 붙여졌습니다.

파주: 자유로는 '회룡고조혈'로 주산을 바라보는 형국, 자기를 낳아
주신 산을 바라보는 형국입니다.

용인: '생거진천 사후용인'이라 살아서는 진천에서 살고 죽어서는
용인이라 했습니다. 그래서 용인에 묘지가 많습니다.

예산: 예와 덕이 있는 곳이라 양반들이 많이 삽니다.

수원: 물과 인연이 깊은 곳으로 정조와 인연이 깊습니다.
주민을 이주시켜 만든 도시입니다.

광교산: 태조 왕건이 후백제 견훤을 제거하고 돌아가는 길에 광채를
보았다고 하여 붙여졌습니다.

괴산: 느티나무 '괴'자로 담배, 고추 등 생명력이 강한 것과
울고 왔다 울고 가는 원님이야기로 유명합니다.

험한 산세: 나는 새도 쉬어 간다.

문필봉: 이이, 황희, 성산문이 출생한 곳은 앞에 문필봉이 있습니다.

VI
꿈 이야기

꿈을 자주 꾸는 사람

꿈을 왜 자주 꿀까요? 사주에서는 용이라는 녀석이 꿈을 나타내는 동물입니다. 사주에 용을 가지고 있거나 운시에 용이 있다면 꿈을 자주 꾸게 됩니다. 그리고 십신에 편관이라는 성분이 있다면 악몽을 자주 꾸게 됩니다. 우리가 하루를 살아가는데 아침이 가면 점심이 오고 점심이 가면 오후가 오고 오후가 가면 저녁이 옵니다. 또한 봄이 가면 여름이 오고 여름이 가면 가을이 오고 가을이 가면 겨울이 옵니다.

우리가 눈떠서 활동하는 공간을 의식의 영역이라 하고 우리가 잠을 자는 영역을 무의식의 영역이라 한다면 의식의 영역과 무의식의 영역이 서로 상호 작용을 한다고 봐도 될 것입니다. 무의식의 영역은 보이지 않는 공간이므로 어두운 밤의 기운이라 보고 쉬는 시간, 충전의 시간이라고 봐도 되겠죠. 건강과도 연관되어 있다고 보면 됩니다. 잘 자야 건강합니다.

그럼 의식의 영역에서 보고 듣고 생각하고 행한 것 중에서 무의식의 영역은 기억해야 할 것과 버려야 할 것을 선택하는 일을 담당할 것입니다. 그 작용이 잘못 이루어질 때 우리는 '가위에 눌리다, 몽유병이다, 잠꼬대다, 잠버릇이다'라고 하는 것입니다.

스트레스와 잡생각이 없다면 몸이 피곤하지도 않을 것이고 아무런 생각 없이 잘 잘 수 있을 겁니다. 편하게 잠이 들었다면 꿈을 꿨는지도 않았는지도 모르게 의식의 영역으로 넘어올 것입니다. 무의식의 영역을 느낄 겨를도 없이 넘어오는 것입니다.

그러나 스트레스나 고민거리가 있는 상태로 잠을 청하면 현실적 공간에서 무의식으로 넘어갈 때 그 감정을 가지고 잠을 자기에 그 감정이 지속적으로 간섭을 받는다고 보면 될 것입니다.

꿈을 많이 꾸는 사람은 고민거리가 많거나 스트레스를 많이 받고 있는 사람입니다. 마음을 편하게 가지려고 노력하면 잠도 푹 자게 되고 건강에도 좋습니다.

사주에는 '비견, 겁재, 식신, 상관, 정재, 편재, 정관, 편관, 정인, 편인'이라는 열개의 십성이 있는데 편관의 기능이 꿈과 관련이 있다고 합니다. 편관이 있으면 꿈을 자주 꾸고 악몽도 자주 꿉니다.

잠을 편하게 자는 방법으로는
돼지띠, 토끼띠, 양띠는 검은색 계통의 이불이 무난하고
원숭이띠, 쥐띠, 용띠는 하얀색 계통의 이불이 무난하고
뱀띠, 닭띠, 소띠는 붉은색 계통의 이불이 무난하고
호랑이띠, 말띠, 개띠는 초록색 계통의 이불이 무난하여
잠자리를 편하게 도와줄 것입니다.

전해 내려오는 꿈 흉조와 길조

　꿈에 웃으면 낮에 우는 일이 생긴다. 연초에 꿈이 사나우면 좋지 않다. 꿈에 윗니가 빠지면 남자(윗사람)가 죽고, 아랫니가 빠지면 여자(아랫사람)가 죽는다. 꿈에 이가 빠지면 부모가 죽는다. 꿈에 죽은 사람이 산 사람을 데리고 가면 죽는다. 꿈에 음식을 먹으면 좋지 않다. 꿈에 음식을 먹으면 감기 걸린다. 꿈에 가마를 타면 죽는다. 꿈에 개(닭)을 보면 나쁘다. 꿈에 소(조상)를 보면 불길하다. 꿈에 소를 보면 근심이 생긴다. 꿈에 돼지를 보면 복이 온다. 돼지꿈을 세 번째 꾸면 매를 맞는다. 꿈에 피가 묻으면 살인을 한다. 꿈 이야기를 밤에 하려면 워리워리(멍멍) 개를 세 번 부르고 해야 한다. 좋은 꿈을 꾸고 이튿날 이야기하면 좋지 않다. 꿈에 높은 데서 떨어지면 키가 큰다. 꿈에 똥을 밟거나 똥이 옷에 묻으면 술이 생긴다.

꿈의 해몽

꿈은 생생할수록 꿈에 의미가 담겨 있다.
희미할수록 개꿈으로 판단하고 큰 의미를 두지 않아도 된다.
꿈이 찜찜한 것은 찜찜한 일이 벌어진다는 것이고
훔치는 것은 좋은 일로 실현된다.
죽이는 것도 현실에서는 안 되는 것이지만
굴복, 복종, 제압하는 일로 좋게 실현된다.
어린아이 꿈도 생생하냐에 따라 좌우되는데
안 좋은 꿈일수록 빨리 일어나는 것이 좋고
늦을수록 큰 일일 수 있다.
좋은 꿈은 늦게 일어날수록 좋다.
좋은 꿈은 내가 확보해야 좋다.
돼지 꿈은 돼지 같은 사람을 만날 수 있다.
조상 꿈도 웃어야 좋다.
안 좋은 말, 우울한 모습은 좋지 않다.
음식을 먹으면 질병이 생길 수 있으나
진수성찬은 재물확보이다.

아이 꿈은 근심과 걱정이다.
돌봐 줘야 하기에 신경 쓸 일이 생긴다고 본다.
아이 낳는 꿈은 결실을 이뤄내는 좋은 꿈이다.
아이를 임신하는 꿈, 특히, 쌍둥이는 더 좋은 꿈이다.
유산되는 것은 계획의 변경이다.

◆ 길몽
돼지, 황소, 똥(비료), 오줌, 장작, 쌀, 맑은 물은 다산, 풍요로움,
번창을 가리킨다.
대통령이나 귀인을 만나는 꿈은 재물과 사업에 좋다.
선망의 대상자와 연애하면 좋고 성관계를 하면 더 좋은 결과가 있다.
불이 활활 타는 것은 번성, 번창을 가리킨다.
죽거나 시체를 보는 꿈은 완성품, 결과물을 가리킨다.
아름답고 풍요로운 것, 꽃향기는 성취와 재물운을 가리킨다.
동물, 식물은 호랑이가 집을 지켜준다는 보호의 개념을 가리킨다.
오른팔과 관련되면 부하 직원을 가리킨다.
여인의 머리카락은 미를 가리킨다.
신발은 의지하는 사람, 직장을 가리킨다.
모자는 권위를 가리킨다.
키는 권리와 권한을 가리킨다.
옷은 취직이나 보호자를 가리킨다.
가방은 재물을 가리킨다.

생생함은 가져오는 꿈이다.

보석상에서 보석을 사거나 훔치는 꿈

청과류를 따는 꿈, 청과류를 훔치는 꿈

반지를 얻는 꿈

남의 신발을 신거나 신발을 얻는 꿈

물고기를 낚는 꿈

웨딩드레스를 입고 활보하는 꿈

꽃을 받는 꿈

은장도를 받는 꿈

돼지나 뱀이 놓질 않는 꿈

상대방에게 비단보를 받는 꿈(신분 상승, 애인)

나를 물고 안 놓는 꿈

구렁이, 뱀이 나를 휘감는 꿈(애인, 명예)

열렬히 키스하는 꿈(좋은 일)

손을 맞잡고 걷는 꿈

떡장수에게 떡을 사 먹는 꿈(자신의 뜻을 이룸)

반지를 받던지 선물 받는 꿈

상대방이 보기 좋은 꿈

목욕하는 꿈

의자에 앉는 꿈

군대나 감옥에 가는 꿈

머리 깎고 기분이 좋은 꿈

동물을 죽이는 꿈

화상을 입거나 총을 맞는 꿈(적중된 곳에 상처가 날 수도 있다)

총을 쏴서 적을 제압하는 꿈

하의를 새로 갈아입는 꿈

매듭을 푸는 꿈(막힌 것을 푼다)

이 신 저 신을 신어 보는 꿈(3번 결혼)

과일을 먹으며 상대방을 쳐다보는 꿈

엘리베이터로 올라가는 꿈(성적, 매출이 상승한다)

◆ 흉몽

이빨 빠지는 것은 죽음을 가리킨다.

머리카락, 손톱은 흉몽으로 본다.

흙탕물을 보는 꿈은 사고, 환난, 병마를 가리킨다.

물에 빠지는 꿈은 교통사고를 가리킨다.

진흙에서 헤어나오지 못하고 적이나 귀신에게 쫓기는 꿈은

벅찬 일거리나 감당 못하는 사람에게 시달림을 말한다.

싸움이나 게임에서 지는 꿈은

환자는 죽거나 회사에서 경쟁에서 지는 것을 가리킨다.

바둑에서 지는 것은 돈 잃는 꿈이다.

금이 간 유리잔은 흠이 있는 배우자다.

돈을 빌리러 온 사람의 꿈

새집을 짓거나 검은색의 꿈

집이 무너지는 꿈

한복을 차려입거나 꽃가마를 타거나 화려한 결혼식의 꿈

강을 건너는 꿈

버스나 차를 타고 멀리 가는 꿈

남에게 큰절을 받는 꿈

◆ 깨지는 꿈

상처 입은 과일 꿈

구렁이가 사라지는 꿈

새가 날아가는 꿈

신발, 구두를 잃어버리는 꿈

신발이 벗겨지는 꿈

다리가 끊어지는 꿈

밧줄이 끊어지는 꿈

악기의 줄이 끊어지는 꿈

거울, 그릇, 달걀, 병이 깨지는 꿈

그릇이 녹아내리거나 파기되는 꿈

반지가 빠지는 꿈

반지가 변색되는 꿈

옷을 바꿔 입는 꿈

옷고름, 시곗줄이 끊어지는 꿈

스타킹을 벗어 버리는 꿈

이불이 찢어지는 꿈

못을 뽑는 꿈

못 판 꿈

차 안을 보고 타질 않는 꿈

버스에서 나만 내리는 꿈

깜깜한 터널의 꿈

썩은 것을 보는 꿈

아이가 떠내려가는 꿈(이혼)

사람을 보내려는 꿈(이별)

토하는 꿈

조상이 어두운 꿈

방바닥이 파헤쳐져 있는 꿈

대들보가 부러지는 꿈

귀에 이물질이 들어가는 꿈

된장을 푸다 버리는 꿈

사슴이나 동물을 잡으려다 놓치는 꿈은 뜻대로 안됨을 가리킨다.

고양이 꿈은 대체로 좋지 않다고 본다.

도둑고양이, 원숭이의 꿈은 교활함을 가리킨다.

시들거나 썩거나 상처 등은 전부 안 좋은 것으로 판단한다.

VII
기타

행동에서 보는 사람 심리학

- 테이블을 탁탁 치는 것은 빨리 마무리하고 싶다는 것이다.
- 손을 깍지 끼는 것은 지루하다는 것이다.
- 이마에 손이 가면 지금 불안한 상황으로 지금의 답에 거절하고 싶다는 의미이다.(부정적인 답이 나온다)
- 손은 거짓말을 하지 않는다. 손을 숨기는 것은 감추는 것이다.
- 상담 시 손을 가리는 행위는 감추는 행위이다.
- 테이블 위에 깍지를 끼고 있다면 최상의 상담자이고 안정적이다.
- 손으로 입을 만지면 비밀을 감추고 있는 행동으로 해서는 안될 말을 하려는 것을 뇌가 방해하고 있는 것이다.
- 손으로 얼굴을 만지는 것은 불안을 달래는 행위이다.
- 손바닥이 하늘을 보이게 행동하면 배려심이 있는 사람이다.
- 팔짱을 끼는 것은 생각을 정리하고 있다는 것이다.
- 상대방이 나에게 호감을 갖고 있는지는 여성은 기대려는 습성으로 한쪽 어깨가 내려가고 남자는 지켜주려 하기에 어깨가 수평이 된다.
- 스킨십을 좋아하는 사람은 자신감이 넘치고 자신이 제일 잘난 줄 아는 사람이다.

- 컵을 두 손으로 잡는 사람은 외로운 사람으로
  쉽게 사랑에 빠지는 스타일이다.
- 손이나 다리를 크게 벌리는 것은 긴장감이 없다는 것으로
  마음을 오픈한 상태이다.
- 손과 발을 모으는 사람은 긴장한 상태이다.
- 다리를 꼬면 완벽함을 보여주고 싶지만 불안한 상태이고
  다리를 꼬고 흔들면 경쟁심이 높은 상태이며
  가지런히 있으면 정리정돈을 잘하고 진지한 사람이다.
- 다리 꼰 모습이 어색하면 의도를 숨기려는 사람이다.
  자주 쓰는 다리가 아니면 그렇다.
- 상대방의 다리가 나를 향하지 않는다면 화제를 바꿔야 한다.
- 발가락은 흥미있는 곳으로 향하게 된다.
- 조급한 걸음은 심리가 불안하다는 것이다.
  걸음걸이는 그 사람의 본심의 거울이고 됨됨이다.
- 자세가 바르면 인생이 순탄하다.
- 머리를 갸우뚱한다는 것은 부정의 뜻이다.
  왼쪽은 감성적, 오른쪽은 이성적이다.
- 위를 보는 것은 명랑, 아래를 보는 것은 우울이다.
- 화장은 본인을 감추기 위한 것으로 내성적이고
  자신감이 없는 사람이다.
- 턱수염은 위엄이나 힘을 상징하고 콧수염은 자신감이다.
- 목은 신체에서 가장 약한 부위이다.

약한 부위를 그대로 보인다는 것은 당신을 믿는다는 것이다.
- 목을 보인다거나 턱을 들고 목을 만지면 가냘픔을 강조하는 것이다.
- 귀가 크면 클수록 남의 말에 귀 기울이고 충고도 잘 받아들여 협조를 잘한다.
- 예술가나 창조적인 일을 하는 사람은 귀가 작을수록 좋다.
- 콧대가 높은 사람은 자존심이 강하기에 리더적이지만 쉽게 실증내고 자존심에 상처가 나면 그만둔다.
- 코가 작은 사람은 겸손하며 꾸준하고 성실한 맛이 있고 주변 사람들이 신뢰한다.
- 통통한 사람일수록 소심하다. 둥글게 둥글게 살기를 원해 안정위주로 산다.
- 계란형은 귀여움을 받고 인기가 많지만 바람기가 다분하고 스트레스나 정신적 압박과 피해망상도 강하다.
- 이마는 자신이다. 이마를 보이면 자신을 전부 보여주는 사람이고 이마를 감추면 자신을 감추는 사람으로 벽을 쌓고 있는 사람이다.
- 입술에 침을 바른다면 허락한 것이다.
- 혀는 친하지 않으면 보여주지 않는다.
- 혀를 그냥 보인다거나 혀를 내미는 동작은 지겹다는 것이다.
- 진실을 감추고 싶을 때 입을 다문다.
- 눈이 큰 사람은 쾌활하여 주변 사람을 잘 끌어당긴다.
- 눈이 작으면 세심하며 배려하는 사람이다.
- 사람은 무의식적으로 상대의 톤에 맞춘다.(동질효과)

- 부탁을 들어주는 것은 거리와 상관있다.
  가까울수록 부탁을 들어준다. 스킨십을 하면서 하면 100%이다.
- 흥미 있는 일에는 몸이 앞으로 나간다.
- 지겹다는 행동은 얼굴을 만진다거나 발이 다른 곳을 바라보고 있다.
- 등을 구부린 것은 자신감을 나타내어 주변 사람을 경계하고
  나를 작게 만드는 것으로 긴장하고 있다는 것이며
  스트레스를 받고 있다는 것이다.
- 가슴은 심장이 있어서 마음 가는 방향으로 향하게 되어 있다.
- 뚱뚱한 사람은 감정기복이 심하다.
- 마른 사람은 감정기복으로 사람을 대하지 않는다.
- 상대방이 배를 두드리면 오케이라는 것이다.
- 상대의 눈동자가 왼쪽을 보면 진실,
  상대의 눈동자가 오른쪽을 보면 거짓이다.
- 손톱을 깨무는 것은 불안감을 억누르는 행동으로
  미래지향적인 이야기를 해주면 좋아한다.
- 거짓말을 할 때 코를 만지게 된다.
- 입을 만지면 말을 해야 할지 말아야 할지 고민 중이다.
  (의심이 많고 조심스러운 사람)
- 여자는 아이 사진을 보면 동공이 커지고
  남자는 누드 사진을 보면 동공이 20% 커진다.
- 왼쪽으로 들었을 때 더 잘 기억한다.(사랑)
- 오른쪽 귀는 논리적, 왼쪽 귀는 감성적인 작용을 한다.

- 여자가 자기의 귀를 자꾸 보이는 것은 "말 좀 똑바로 해!"이다. 상대방 인격을 무시하는 행동이다.
- 오른쪽에 있는 것이 더 당긴다.

팔괘도

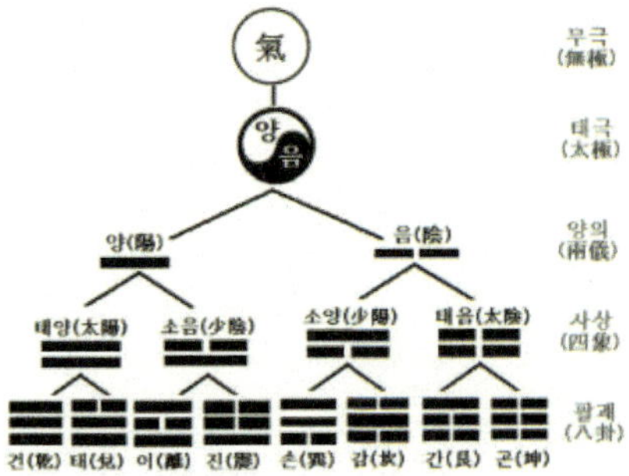

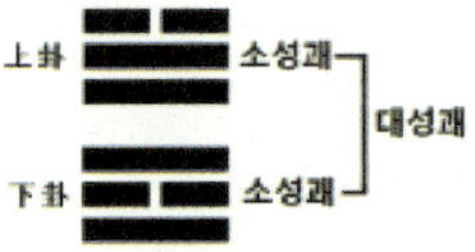

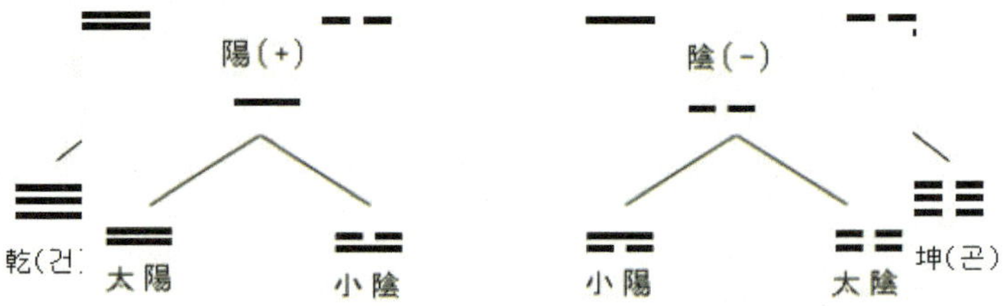

	무극(無極)	上卦 ─── 소성괘 ┐
氣 양음	태극(太極)	├ 대성괘
양(陽)　　음(陰)	양의(兩儀)	下卦 ─── 소성괘 ┘
태양(太陽) 소음(少陰) 소양(少陽) 태음(太陰)	사상(四象)	─── 상효(上爻)
건 태 이 진 손 감 간 곤	팔괘(八卦)	─── 중효(中爻)
(乾)(兌)(離)(震)(巽)(坎)(艮)(坤)		─── 하효(下爻)

陽(+)　　　　　　　　　陰(−)
乾(건) 太陽　　小陰　　小陽　　太陰 坤(곤)

(일건천) 　　　　　　　　하늘

(이태백)　　　　　　　　연못

(심리화)	☲	불
(사진뢰)	☳	천둥
(오손풍)	☴	바람
(육감수)	☵	물
(칠간산)	☶	산
(팔곤지)	☷	땅

상수역 관점에서의 팔괘의 상

1. 천(☰)이 체를 생하면,
   공적인 일, 명예, 관청, 윗사람의 도움이 있게 되며
   재물이 들어오고 송사에서 승소하거나 승진하며
   금(金)과 관련된 재물이나 성씨(姓氏)가 도와줍니다.
   건은 열매, 결실이고 고집을 가리키며 끊고 맺음이 확실합니다.
   건하괘: 안으로 강한 사람이며 금은보화를 가지고 있는 사람입니다.
   건상괘: 밖으로 강한 사람입니다.
   종합통변: 주도권을 가진 사람입니다.

2. 택괘(☱)가 체를 생하면,
   음식을 먹거나 기쁜 일이 있고 금은보화, 손님이 찾아오며
   재화와 사람이 몰려오는 상입니다.
   택은 말은 잘하고 유혹에 잘 빠지며 귀가 얇습니다.
   가볍게 굴지 말아야 합니다.
   택상괘: 기쁨을 추구하며 말조심해야 합니다.
   택하괘: 유흥이며 성생활을 말합니다.
   종합통변: 금전 융통, 먹고 싶은 것이 많은 시기, 2% 부족

3. 화괘(☲)가 체를 생하면,
   남방, 문서로 인한 이익이 생기며

불에 관련된 재물이나 성씨가 도와줍니다.

화괘는 활달하고 불같습니다.

공적에 좋고 겉은 강하고 속은 약한 사람이며

안 듣는 척하면서 행합니다.

허세, 허풍, 욱하는 기질이 있습니다.

화는 자기 포장은 잘하고

화괘는 싸움 괘이며 양보 괘는 아닙니다.

화상괘: 드러난 것이며 밝은 것

화하괘: 태양이 사라짐, 계절이 바뀜을 말한다.

종합통변: 구설, 이별, 명예, 명랑, 예의, 예쁨이다.

4. 진괘(☳)가 체를 생하면,

동적인 일에 이익이 생기며 동방으로부터 이익이 옵니다.

재물을 교역하거나 목(木)에 관련된 성씨가 도와줍니다.

뢰상괘: 들떠있다, 서두르지 마라, 벌써 하고 있다, 요란하다.

뢰하괘: 내부 관리자가 필요하다.

종합통변: 진격, 진출, 진취적, 명랑, 뻥이다, 희망, 돈 쓰는 사람

5. 풍괘(☴)가 체를 생하면

산림(山林)의 일, 동남방에서 이익이 있게 되며

이동이나 소식, 여행 등에 길함이 있으며 나이가 있는 여자의 도움,

음목(陰木)에 관련된 재물이나 성씨가 와서 도와줍니다.

풍괘는 바람이니 외부 환경의 영향이며
뜬구름, 풍파가 될 수 있습니다.
부드러운 사람, 역마, 움직입니다.
손괘는 하나의 음이 두 양 아래에 있어 순종하고 따르는 형상입니다.
뢰괘: 드러내며 움직이고(요란)
풍괘: 안 드러내며 고요히 움직인다.
종합통변: 바람 풍, 새로운 바람? 풍파? 사랑, 사교성(풍),
　　　　　사고, 사기, 사업, 대인관계이다.

6. 감괘(☵)가 체를 생하면,
　　물이나 물가, 물고기, 술, 북방에서 이익이 생기며
　　물에 관련된 재물 및 성씨가 도와줍니다.
　　수비, 수용하며 할 것 같은데 안 합니다. 속을 알 수 없습니다.
　　수상괘: 위에 있으면 지금 상황으로 끝날 일은 아니며 기다려야 함,
　　　　　 내가 통제가 안 되며 험난함을 말한다.
　　수하괘: 험난함에 빠져있다, 숨기는 것, 숨어 있는 모양이다.
　　종합통변: 어둠이고 물이며 기다려야 함을 말한다.

7. 간괘(☶)가 체를 생하면,
　　동북방쪽 토지에 이익이 생기며 가정에 길함이 있고
　　사물에 있어서 안정되고 어떤 일을 시작하든지 끝을 보게 되며
　　토(土)에 관련된 성씨가 나를 도와줍니다.

산괘는 처음부터 필요한 것만 듣습니다

자기 스타일대로 제 뜻대로 하며

2% 부족해서 하늘 문을 열지 못합니다.

대문, 하늘 문은 내가 열 수 없습니다.

산상괘: 멈춘다, 천천히 가라, 이미 끝났다, 노력해야 한다.

산하괘: 이미 막혔다, 움직이지 마라, 움직이면 고통이 따른다.

　　　　도와줄 사람도 없고 다리가 묶였다, 재물이 나간다.

　　　　꿈이 큰 사람, 부동산을 가진자, 스트레스가 쌓여 있다.

종합통변: 안에서 열어줘야 연다, 스톱해야 한다.

8. 곤괘(☷)가 체를 생하면,

전답이나 토지에서 기쁨과 이익이 있게 되며

정적인 일에서 이익이 있고 몰래 숨어서 나를 도와주거나,

지금까지 쌓아온 덕에 의한 결실 또는 열매로 인한

이익이 생기게 됩니다.

지괘는 겸손함을 말하고 부지런하며 속을 알 수 없는 상입니다.

본인이 말을 안 하면 알 수 없습니다.

곤상괘: 순하다, 멈춰있다, 고요하다.

곤하괘: 양보하려는 자세가 필요하며 고집부리면 흉이 크다.

종합통변: 뒤쫓으면 흥하고, 먼저 하면 대패한다.

하루 일진 보는 법

해(亥)묘(卯)미(未)날:

새로운 계획은 좋으나 해약이 발생, 다시 손볼 일, 손실, 분산, 재작업, 기존의 것을 손보는 날, 잃어버린다, 돈 나간다, 시작한다.

인(寅)오(午)술(戌)날:

합의, 결정에 유리, 공동성, 명백해진다, 시시비비, 부닥침, 법, 불만, 싸움, 열 받는 날, 화딱지 나는 날, 상대방과 대화한다.

사(巳)유(酉)축(丑)날:

금전 문제 발생, 해결, 분배, 단절, 돈, 절교, 병원, 세균박멸, 수술, 숙살지기, 스트레스이다.

신(申)자(子)진(辰)날:

비밀, 애정사, 모임, 도와준다.

일진별 동물에 따른 특성 요약

자(子): 비밀, 애정사, 밤공부, 몰래 다닌다

축(丑): 고생, 힘들게 돈번다, 일만 한다

인(寅): 관계성, 여자가 이긴다

묘(卯): 애매, 다리를 든다, 바람 분다, 도망가고 싶다

진(辰): 사기, 숨기고 있다, 허황, 뻥이다

사(巳): 건강, 허리, 이빨, 뼈가 없다

오(午): 재물, 돈이 안 돈다

미(未): 미결, 잘 안 풀린다

신(申): 축소, 줄여라

유(酉): 유불리, 부처님, 종교, 돈 나간다

술(戌): 책임감, 묶여 있다, 돈통을 지킨다, 변화 없다

해(亥): 해지, 해야 할 일이 있다

1. 자일(子日) 만나는 사람과 쥐날의 특성 분석

비밀, 애정사, 밤공부, 몰래 다닌다, 우유부단, 불안한 심리입니다. 자

식, 건강, 이사나 이동은 불리, 약복용 중, 사람과의 정과 관련된 일입니다. 타인과의 인간관계에서 이해타산적인 입장에 서지 못해 쉽게 결단내지 못하는 태도를 보이고 우유부단한 성격상의 결함을 그대로 드러내는 경향이 있습니다. 신장, 방광, 자궁병, 소심, 비밀이 많고 속이 엉큼합니다. 밤을 좋아하고 밤을 활용하는 사람입니다. 자식 걱정과 남모를 비밀이 있습니다. 부도덕적인 일, 사기당합니다. 드러내고 돈을 벌면 안 되고 참고 견뎌야 합니다. 송사는 불리하며 무슨 일이든지 조용히 처리해야 합니다. 주체가 되면 불리하고 직장이나 부동산은 바꾸지 않는 것이 좋습니다. 팔려면 가까운 사람을 활용하면 됩니다. 소리 나는 것은 좋지 않고 추위에 약한 사람은 못 삽니다. 밤눈이 어두운 사람은 못 삽니다. 안경 쓴 사람은 잘삽니다. 섹스를 좋아하는 사람은 좋습니다. 도둑으로 잘 몰립니다. 자는 오에 발각됩니다. 판단력이 흐려집니다. 도덕적으로 용서받지 못할 일이 잘 발생합니다. 내 주위에 사람은 있으나 힘없는 사람들이고 현재 위치에 불만입니다.

2. 축일(丑日) 만나는 사람과 소날의 특성 분석

자기가 정한 틀에서 어긋나는 행동을 하지 않습니다. 해 준 만큼 돌려줍니다. 소유하고 싶은 날이며 스트레스 받는 날입니다. 축날 만나는 사람은 마음의 병이라도 병이 있습니다. 병원에서 근무하면 좋습니다. 축날 만나는 사람은 고생한 사람이고 힘들게 돈 버는 사람이며 일만 합니다. 큰 자유 x, 허리 관절이 좋지 않으며 절교, 절단과 관련있습니다. 축날 취한 결단이나 행동은 성취되지 않고 무효로 끝나기 쉽습니다. 세련됨이 없는 날입니다. 여물을 씹듯 남에게 잘 씹히는 사람입니다. 원한 관계가 있으면 잘삽니다. 천재지변과 관재와 관련있습니다. 부동산 매매와 직장 이동은 불길합니다. 직장인은 불리하고 일이 잘 풀리지 않습니다. 외국이 좋습니다. 외국을 나가도 함께 나가야 합니다. 운수, 교육, 조용한 것이 좋습니다. 자기 삶에 자유가 없습니다. 엮여 있는 사람은 힘이 좋습니다. 집이 그린벨트로 묶여 팔기가 쉽지 않습니다. 자날, 축날은 거의 건강 문제입니다.

3. 인일(寅日) 만나는 사람과 호랑이날의 특성 분석

조급합니다. 침착해야 좋습니다. 사람으로 인한 마음의 상처를 잘 받고 명예와 위신에 관련된 문제입니다. 실수가 많은 날, 감정폭발, 자기과시, 외롭습니다. 깜짝깜짝 잘 놀랍니다. 신자 들어간 병에 걸려 있습니다. 사업, 행업 등의 성패를 묻는 날입니다. 감정이 폭발할 것 같은 심정입니다. 인정받고 싶고 인기에 신경 쓰는 사람을 만납니다. 고립 상태로 초조하고 불안합니다. 호랑이라 누군가에게 물어보기도 쪽팔리고 정신적 압박이 심합니다. 밤을 좋아합니다. 산을 좋아합니다. 부가이익이 생길 수 있습니다. 관재구설이 많고 직업적 낙마 위험이 있습니다. 호랑이에게 물린 자국이 무조건 있습니다. 스포트라이트를 받는 직업군이 좋습니다. 구속이나 관재시 무조건 합의해야 합니다. 새벽 시장에서 일하는 사람이 좋습니다.

4. 묘일(卯日) 만나는 사람과 토끼날의 특성 분석

사람을 많이 상대합니다. 이성을 만날 기회가 많은 사람입니다. 바람 봅니다. 묘한 일들이 잘 생깁니다. 토끼고 싶습니다. 무언가가 깨지고 파기된 상태에서 심한 갈등이 있습니다. 묘날 온 사람은 누구든지 일을 합니다. 묘날 이동은 좋은 곳에서 옮기려 합니다. 게으른 사람이 없고 불면증이 있습니다. 여자는 살림을 잘합니다. 부동산 매입은 되지 않고 말썽이 납니다. 집안 식구들이 모두 따로 놉니다. 열심히는 하는데 돈은 안 됩니다. 연애결혼이며 여자는 모두 일합니다. 불면증, 신경 예민, 마른 사람을 만납니다. 근면성으로 봄에 이삭을 줍는 사람입니다. 부동산, 건축에 대한 걱정이 있습니다. 주변 사람들과의 불화로 이별 수, 통곡합니다. 출근 시간이라 식구들이 흩어집니다. 여자가 집을 지키며 실권을 가집니다. 장사를 한다면 직원 포함하여 손님도 흩어집니다. 토끼날 만난 사람은 치켜세워 주면 좋아합니다.

5. 진일(辰日) 만나는 사람과 용날의 특성 분석

진날은 변화무상한 날입니다. 간사해지고 교활한 심사가 되기 쉽습니다. 변화무상한 기운으로 '폼생폼사'입니다. 도를 넘는 언행이나 억지를 부리기도 합니다. 상상의 동물, 기발한 생각, 아이디어맨입니다. 고급보다는 싸구려, 박리다매입니다. 서민층 공략, 싸구려가 좋습니다. 허상을 꿈는 사람이 많습니다. 영양가 없는 사람입니다. 사기, 뻥이 센 날이며 돈

안 들이고 사업하려 합니다. 예쁜 부인 놔두고 바람피우는 격이며 겉만 뻔지르르하고 실속이 없습니다.

6. 사일(巳日) 만나는 사람과 뱀날의 특성 분석

생각하고 말해야 하는 날입니다. 실속을 생각하는 날입니다. 중대사를 논하고자 합니다. 결과는 대개 무난합니다. 급한 처지의 금전적인 문제가 주입니다. 변화를 통해 명예 회복이나 재기를 도모합니다. 치아가 좋지 않습니다. 삶이 파란만장한 사람을 만나게 됩니다. 사날 이사 문제는 갈 생각도 없는데 물어보는 것입니다. 인날이나 사날에 오는 사람은 호의적입니다. 좋다고 하면 좋아합니다. 단체 가입이 좋고 사업을 해도 같이 몰려 있는 곳입니다. 윗사람 덕, 효도하는 사람입니다. 사날 온 사람은 장남과 결혼했든, 장남 역할을 합니다. 직장을 다니면 눈코 뜰 새 없는 직장입니다. 직장을 다녀도 대기업이 좋습니다. 부모를 모셔야 대발합니다. 이사 간다면 농사가 끝나는 9~10월이 좋습니다.

7. 오일(午日) 만나는 사람과 말날의 특성 분석

'동분서주'하는 날, 열불나는 날입니다. 자기 자랑하는 날, 폼(가오)잡는 날입니다. 속내를 드러내지 않는 사람을 만납니다. 눈에 보이는 것이 중요한 날입니다. 체면 유지와 허세가 강합니다. 어떠한 복이라도 가지고 있는 사람입니다. 오날 만나는 사람은 재물이나 돈이 안 돌아갑니다. 돈이 묶여 있어 당장 쓸 현찰이 없습니다. 명성이나 길한 경사와 관련있습니다. 말은 서지도 앉지도 못하니 경제적 손실을 보고 온 사람입니다. 오늘 만난 사람은 너무 더워 인후염, 헉헉되니 심장이 좋지 않습니다. 조만간 싸울 일이 발생합니다. 버는 사람은 나뿐인데 쓸 곳은 열 군데입니다. 망하는 것도 전부 타인으로 인해 망합니다. 과거 이야기를 잘하고 자기 자랑을 잘합니다. 더워서 결혼이 잘 되지 않습니다. 주머니에 무언가 가지고 다니는 것을 싫어합니다. 부도 조심(장마철), 남에게 맡기면 다 부도입니다. 돈 빌려주는 것도 조심해야 합니다.

8. 미일(未日) 만나는 사람과 양날의 특성 분석

미인이 많고 나쁜 사람이 없습니다. 미지의 세계, 즉 미리 앞서 나가고 근거 없는 자신감입니다. 미완성, 꿈보다 해몽, 미친 결혼, 미친 짓합니다. 양보, 양육, 힘들 때 미국 가라. 꼭대기 삽니다. 이동이 많습니다. 힘들 때 여행을 합니다. 미날은 미정, 순진한 척, 여유로운 척합니다. 능력은 부족하나 꿈이 앞서는 사람입니다. 근거 없이 주관적인 신념이 강합니다. 미날 문의하는 내용에 대한 결론은 거의 부정적입니다. 허욕에 불타 계획이 너무 크고 현실이 안 받쳐줍니다. 직접 하기보다 타인을 이용하려 합니다. 자기 고집에 망합니다. 가족의 말을 들어야 합니다. 맛과 관련있습니다. 사람들에게 감식초 같은 사람입니다. 첫사랑과 결혼합니다. 결혼은 믿기지 않는 결혼입니다. 사람이 잘 안 떨어집니다. 그래서 주위에 사람이 많습니다. 이성도 잘 안 떨어집니다. 이혼도 잘 안됩니다. 나를 뜯어 먹으려고 합니다. 바람난 사람이라면 좋은 사람이 아닙니다. 사람 많은 공간에서 일합니다. 소송도 결판이 잘 나지 않습니다.

9. 신일(申日) 만나는 사람과 원숭이날의 특성 분석

일을 벌인 만큼 망합니다. 신용 있고 신사로 보이고 싶어 합니다. 혼자 있는 것을 좋아합니다. 축소, 줄여야 합니다. 인색해집니다. 자기 것은 확실히 챙기려 합니다. 주변 사람과 선을 긋습니다. 애정과 애증의 문제가 주입니다. 이기적인 성향을 드러냅니다. 송사가 많습니다. 신날에 온 직원은 잘려서 온 사람입니다. 정비냐, 확장이냐, 접느냐 결판내려는 기운입니다. 소리 나고 가치 있는 조용함을 추구합니다. 신은 엽전 모양으로 4가지, 4명입니다. 구분하는 것입니다. 내가 손해 봅니다. 인원이 감소합니다. 사업도 확장보다는 실속 위주입니다. 남들과 원수질 일이 많이 생깁니다.

10. 유일(酉日) 만나는 사람과 닭날의 특성 분석

유불리 날입니다. 나눈다, 부모 정도 나눕니다. 집도 2개, 돈 관리도 따로 합니다. 닭(닥)쳐. 잘라버립니다. 수술합니다. 유날은 말실수로 문제가 생기는 날입니다. 중대한 결단을 내릴 시점입니다. 돈 관리는 부부간에 따로 합니다. 재물의 손실과 관련이 깊습니다. 엉뚱한 일에 매진해서 시간 낭비를 하게 됩니다. 구설, 시비, 보증, 뭔가의 만회를 위한 것입니다.

피해를 보고 있다고 생각합니다. 어머니 사랑은 받아도 아버지 사랑은 못 받습니다. 사회적으로 바쁘기는 엄청 바쁜 사람입니다. 안식처가 두 군데입니다. 자기 집 놔두고 전세 살 수 있습니다. 망함은 빌려줘서 망하는 것이고 나갈 곳이 많습니다. 쓸 것 못 쓰고 주위 사람에게 헌신하며 욕먹으며 삽니다. 폐, 신경성 질환이 있습니다.

11. 술일(戌日) 만나는 사람과 개날의 특성 분석

개성이 강합니다. 삶이 묶여 있습니다. 돈통을 지킵니다. 변화 없고 변화가 안 됩니다. 여자는 전부 마음병입니다. 과거지사와 관련된 문제가 주입니다. 이중성을 띠고 투잡하는 사람, 이혼한 사람입니다. 이중성으로 한 가지 일에 만족을 못합니다. 술날 만나는 사람은 결혼을 2번 한 사람, 아니면 부모가 2분입니다. 종교 생활하는 사람입니다. 술날 만나는 사람도 종교 생활자입니다. 현실도 불안한데 현실도 유지하랴, 다른 일 봐주랴 앉을 수도 설 수도 없는 곤란한 상태, 곤란한 일 때문에 방문합니다. 부수입을 챙기려고 합니다. 신앙생활(창고지기)이든 공격적인 것(축구, 야구)을 합니다. 개 패듯 맞거나 때리는 구타 사고 발생(관재, 수술사)합니다.

12. 해일(亥日) 만나는 사람과 돼지날의 특성 분석

내가 돈 관리를 못 합니다. 경제 관리가 허술합니다. 새로운 일과 관련이 있습니다. 남모르게 뭔가 일을 벌이는 격으로 도약과 발전의 계기를 맞은 셈입니다. 지출이 많습니다. 끈기가 없습니다. 사람들이 모이질 않습니다.(돼지 멱따는 소리) 도와줄 사람이 있습니다. 합의가 잘 이루어지질 않습니다. 조금이라도 상속적인 수입이 들어옵니다. 수명에 대해 알고 싶어 합니다. 남자는 정력의 문제입니다. 목의 문제, 후두염이 있습니다.

오행 비보

1. 사주에 목 기운이 없는 사람

- 사는 곳은 초성이 ㄱ, ㅋ 붙은 동네에서 살면 좋다.
- 목(木)이나 수(水) 기운이 강한 사람들과 함께 지내면 좋다.
- 밥에 보리를 섞어 먹으면 좋고
  목(木)의 맛인 매실, 파인애플 등 신맛 나는 과일이 좋다.
- 목(木)의 색인 푸른색 계통의 옷이 좋으며
  실내 장식이나 가구는 나무가 좋다.
  숲이나 나무 사진을 걸어 놓으면 좋다.
- 잠을 잘 때 머리를 목의 방향인 동쪽으로 하고 자면 좋다.
  앉을 때도 동쪽으로 향하여 앉으면 좋다.
- 아침에 일찍 일어나 숲이 있는 곳에서 운동하면 좋고
  아침에 문을 열어 환기하면 좋다.
- 목은 발산의 기운이니
  화가 날 때 참지 말고 화를 내면 좋고 표현하면 좋다.
- 숫자는 목의 숫자인 3과 8을 많이 사용하면 좋다.

- 대문이나 창문 방향을 동쪽으로 하면 좋다.
- 목(木) 기운이 들어간 이름과 별명을 만들어 활용하면 좋다.
- 뭔가 시작해야 할 때 망설이지 말고 실행하면 좋다.
- 계획성 없이 즉흥적으로 행해 본다.
  일단 저지르고 적극적으로 행할 필요가 있다.

高(고) 固(고) 劉(류) 朴(박) 李(이)
權(권) 宋(송) 閔(민) 林(임)
목자지명(木字地名)은 수목원, 목장, 사찰이 좋다.
동(東) 류(柳) 목(木) 삼(三) 양(楊) 청(淸) 평(平)
인(仁) 조(鳥) 촌(村) 팔(八) 화(花) 등
강동구(江東區), 강릉(江陵), 경주(慶州), 고양(高陽), 노원구(蘆原區), 동대문구(東大門區), 목동(木洞), 삼각산(三角山), 성동구(城東區), 속초(束草), 송파구(松坡區), 안동(安東), 영동(嶺東), 오송(五松), 오창(梧倉), 조치원(鳥致院), 청송(靑松), 팔공산(八空山) 등

2. 사주에 화 기운이 없는 사람

- 사는 곳은 초성에 ㄴ, ㄷ, ㄹ 붙은 동네에서 살면 좋다.
- 목이 화를 생하니 나무가 많은 곳이 좋다.
  화(火)나 목(木) 기운이 강한 사람들과 함께 지내면 좋다.
- 취나물, 씀바귀, 고들빼기 같은 쓴맛 나는 음식이나

뜨거운 음식을 자주 먹는다.
- 붉은색 계통의 옷을 활용하고 실내 장식을 붉은색 계통으로 하며 해바라기, 태양 그림이나 사진이 좋다.
- 잠을 잘 때 머리를 남쪽으로 하고 자면 좋고 앉을 때도 남쪽으로 앉는다.
- 기쁠 때 크게 웃고 말을 많이 하는 것이 아주 좋다.
- 숫자 2와 7을 많이 사용하면 좋다.
- 일광욕과 건식 사우나가 매우 좋다.
- 집은 햇빛이 잘 들고 고층일수록 좋다.
- 화(火) 기운이 들어간 이름을 활용하면 좋다.
- 변화가나 사람이 많은 공간을 활용하면 좋다.

南宮(남궁) 吳(오) 姜(강) 羅(나) 尹(윤) 鄭(정) 丁(정) 南(남)

화자지명(火字地名)은 화산, 찜질방, 온천이 좋다.

광(光) 남(南) 대(大) 양(陽) 이(二)

일(日) 창(昌) 천(天) 칠(七) 화(火) 등

강남구(江南區), 거창(居昌), 광명(光明), 광양(光陽),

광주(光州), 구미(龜尾), 남원(南原), 단양(丹陽), 마산(馬山),

명동(明洞), 양천구(陽川區), 영주(榮州),

은평구(恩平區), 진주(晉州), 창녕(昌寧), 창원(昌原),

통영(統營), 함양(咸陽) 등

3. 사주에 토 기운이 없는 사람

- 사는 곳은 ㅇ, ㅎ 붙은 동네에서 살면 좋다.
- 주택이나 1층이 좋다. 땅의 기운을 최대한 많이 받는 곳이 좋다.
- 토(土)나 화(火) 기운이 강한 사람들과 함께 지낸다.
- 밥에 기장을 섞어 먹으며 파인애플, 고구마 등 단맛 나는 과일이나 식음료를 즐겨 먹는다.
- 운동이나 산책을 할 때 신발을 벗고 흙을 직접 밟는다.
- 노란색 계통의 옷을 활용하고 황토색 인테리어를 활용하면 좋다.
- 숫자 5와 0을 많이 사용하면 좋다.
- 토(土) 기운이 들어간 닉네임을 활용하면 좋다.
- 약속을 중요하게 생각하라.
- '산'자 들어간 동네를 활용하라.

田(전) 崔(최) 黃(황)

토자지명(土字地名)은 산에 가라.

안(安) 중(中) 중(重) 충(忠) 토(土) 등

도봉구(道峰區), 부산(釜山), 광주(光州), 군산(群山), 논산(論山)

아산(牙山), 안산(安山), 안성(安城), 안양(安養), 용산구(龍山區)

용인(龍仁), 음성(陰城), 익산(益山), 제천(堤川), 중구(中區),

충주(忠州), 파주(坡州), 함안(咸安) 등

4. 사주에 금 기운이 없는 사람

- 사는 곳은 ㅅ, ㅈ, ㅊ 붙은 동네에서 살면 좋다.
- 금(金)이나 토(土) 기운이 강한 사람들과 함께 지내면 좋다.
- 매운맛이 나는 마늘, 생강, 고추, 파 종류를 먹으면 좋다.
  속이 하얀 표고버섯, 배, 율무, 복숭아, 배추, 무 등이 좋다.
- 흰색 계통의 옷이 좋으며
  금속 재료를 이용한 인테리어가 좋다.
- 시계, 반지, 목걸이 등을 착용하면 좋다.
- 잠을 잘 때 머리를 서쪽으로 하고 자면 좋고
  앉을 때도 서쪽으로 앉으면 좋다.
- 슬플 때는 큰 소리를 내어 울면 좋다.
- 숫자 4와 9를 많이 사용하면 좋다.
- 대문 방향이나 창문 방향을 서쪽으로 하면 좋다.
- 금(金) 기운이 들어간 이름을 활용하면 좋다.

全(전) 徐(서) 申(신) 安(안) 張(장) 韓(한)
금자지명(金字地名)은 광산, 땅굴이 좋다.
금(金) 서(西) 신(申) 신(辛) 신(新) 신(神) 종(鍾) 등
강서구(江西區), 공주(公主), 서대문구(西大門區), 전주(全州),
종로구(鐘路區) 등

5. 사주에 수 기운이 없는 사람

- 사는 곳은 ㅁ, ㅂ, ㅍ 붙은 동네에서 살면 좋다.
- 수(水)나 금(金) 기운이 강한 사람들과 함께 지낸다.
- 밤에 조용히 명상하면 좋다.
- 물을 자주 마시고 해산물이나 짠맛 나는
  미역, 김, 파래 등의 음식을 먹으면 좋다
- 검은색 계통의 옷이나 인테리어를 활용하면 좋다.
  바다가 있는 금속 액자가 아주 좋다.
- 잠을 잘 때 머리를 북쪽으로 하고
  앉을 때도 북쪽을 바라보고 앉으면 좋다.
- 숫자 1과 6을 많이 사용하면 좋다.
- 집에 어항을 두거나
  금속, 시계, 반지, 목걸이를 착용하는 것이 좋다.
- 수영을 하거나 물가를 산책하면 좋다.
- 수(水) 기운이 들어간 이름을 활용하면 좋다.

洪(홍) 任(임) 蘇(소) 余(여)

呂(여) 禹(우) 許(허) 皇甫(황보)

수자지명(水字地名)은 바다가 좋다.

북(北) 수(水) 정(井) 천(川) 해(海) 등

강북구(江北區), 대천(大川), 묵호(墨湖), 사천(泗川), 수원(水原),

여의도(汝矣島), 연천(漣川), 영동(永同), 영등포구(永登浦區), 영천(永川), 옥천(沃川), 평택(平澤), 포항(浦項), 해운대(海雲臺), 홍천(洪川) 등

저자 약력 고담(鼓炎) 오성곤(吳成坤)

국립 공주대학원 동양학과 졸업
동국대학교 동양철학과 박사과정 수료

한국사주역리학회 부회장
학국역술인협회 학술위원
2018년~22년 동방대 평생교육원 명리교수
2019년 인덕대학교 미래평생교육원 명리 강의
2023년~(현) 서울시 50플러스센터 명리 강의
2015년~(현) 강남역 근처 고담학술원(鼓炎學術院) 운영중
유튜브 고담 오성곤 운영중

술술 읽기만 해도 인생이 바뀐다
고담 오성곤의 역학이야기

2025년 7월 21일 초판 인쇄
2025년 7월 31일 초판 발행

지은이	오 성 곤
펴낸이	한 신 규
편 집	이 은 영
펴낸곳	글터

서울시 송파구 동남로 11길 19(가락동)
T 070.7613.9110 F 02.443.0212 E geul2013@naver.com
출판등록 2013년 4월 12일(제25100-2013-000041호)

출력 GS테크 인쇄·후가공 수이북스 제본 보경문화사 용지 종이나무

ⓒ오성곤, 2025
ⓒ글터, 2025, printed in Korea

ISBN 979-11-88353-69-9 03180   정가 25,000원

* 이 책은 저작권법에 따라 보호를 받는 저작물이므로 전제와 복제를 금지합니다.
* 이 책 내용의 전부 또는 일부를 사용하려면 반드시 저작권자와 문현출판의 서면 동의를 받아야 합니다.
* 파손된 책은 구입하신 서점에서 교환해 드립니다.